本书出版得到

东华理工大学学术专著出版基金项目（DHXZ201705）；

江西省社会科学"十三五"（2017 年）规划项目

"长江经济带城市雾霾污染时空演化及长效减排策略研究"（17YJ35）；

江西省高校人文社会科学研究 2017 年度项目

"江西省城市雾霾污染时空演化及社会经济影响因素研究"（JJ17201）；

东华理工大学地质资源经济与管理研究中心、资源与环境经济研究中心 2017 年联合开放基金项目（17JJ03）；

国土资源部资源环境承载力评价重点实验室 2017 年开放课题

"长江经济带资源环境承载力评价及时空差异特征研究"（CCA2017.05）；

东华理工大学博士科研启动基金项目（DHBK2016132）资助。

曾浩 著

城市群内
城际关系
及其对城市发展影响研究

中国财经出版传媒集团

经济科学出版社
Economic Science Press

图书在版编目（CIP）数据

城市群内城际关系及其对城市发展影响研究/曾浩著．
—北京：经济科学出版社，2019.2
ISBN 978 – 7 – 5218 – 0297 – 9

Ⅰ.①城⋯　Ⅱ.①曾⋯　Ⅲ.①城市群 – 城市经济 – 经济
关系 – 影响 – 城市 – 发展 – 研究 – 中国　Ⅳ.①F299.2

中国版本图书馆 CIP 数据核字（2019）第 034867 号

责任编辑：李　雪
责任校对：杨　海
责任印制：邱　天

城市群内城际关系及其对城市发展影响研究
曾　浩　著
经济科学出版社出版、发行　新华书店经销
社址：北京市海淀区阜成路甲 28 号　邮编：100142
总编部电话：010 – 88191217　发行部电话：010 – 88191522
网址：www. esp. com. cn
电子邮件：esp@ esp. com. cn
天猫网店：经济科学出版社旗舰店
网址：http://jjkxcbs. tmall. com
北京季蜂印刷有限公司印装
710 × 1000　16 开　15.5 印张　220000 字
2019 年 2 月第 1 版　2019 年 2 月第 1 次印刷
ISBN 978 – 7 – 5218 – 0297 – 9　定价：56.00 元
（图书出现印装问题，本社负责调换。电话：010 – 88191510）
（版权所有　侵权必究　打击盗版　举报热线：010 – 88191661
QQ：2242791300　营销中心电话：010 – 88191537
电子邮箱：dbts@ esp. com. cn）

前　言

　　城市群的出现是生产力发展、生产要素逐步优化组合的产物，在经济全球化、区域一体化背景下，城市群已成为国际生产力分布体系和劳动地域分工重要的空间组织形式，发展城市群有利于实现区域内资源优化配置，可以充分发挥城市群内核心城市的辐射带动作用，从而促进城市群内各城市的发展。2013 年 12 月，党中央首次召开的中央城镇化工作会议和《国家新型城镇化规划（2014～2020 年）》的发布，进一步明确了城市群是作为推进国家新型城镇化的主体形态，是承担主宰国家城市化发展的总体格局的重要载体。城市群内部分布着众多城市，城市间依托地理位置、交通、人员流动、资源合作等产生一定的联系。城市间形成联系的载体包括基础设施、产业分工等，在产生联系的基础上，城市间会产生竞争或合作的关系，城市之间表现出来的关系也是一种动态关系，这种竞争或合作关系会随着城市功能的变化而进行调整，而影响城市功能发生变化包括交通、产业和体制等各种因素。城市发展受到的影响因素较多，但所处城市群范围内的城市，其发展与群内其他城市间的竞争或合作关系都会对其自身产生一定的影响。因此，本书基于区域经济学、城市经济学等学科理论，主要是基于城市群内城市间存在的竞争或合作关系，对城市群内城市间的竞争或合作关系进行定量测度判定，再从城际间竞争或合作关系对城市发展会产生影响进行验证。探讨城市群内各城市间相互关系，本书的研究对提高城市群各城市间整合协同发展有着重要的意义。

在梳理国内外有关城市群内城际关系及其对城市发展影响研究的相关文献基础上，本书构建了"关系—路径—影响"的理论分析框架，结合国外较为成熟的城市群发展实践经验，以武汉城市圈为实证研究区域，对城市群内城际关系及其对城市发展影响这一主题展开研究。本书的主要研究内容如下：

研究内容之一：构建城市群内城际关系及其对城市发展影响研究的理论分析框架："关系—路径—影响"。"关系—路径—影响"首先对城际关系进行界定并对采用的测度模型进行介绍，提出本书所研究的城际关系只包含竞争、合作或无关三种形式。在对城际关系进行研究时，以城市发展质量为切入点，以十八届五中全会提出的"创新、协调、绿色、开放、共享"五大发展理念构建城市群城市发展质量评价指标体系，采用主成分分析法对城市群内城市发展质量进行测度，得到城市群内各城市发展质量综合指数值和分维度指数值。按照 Dendrinos – Sonis（D – S）模型，提出城际关系的判定准则，采用 SUR 方法对城际关系进行测度；其次，提出城际关系及其对城市发展影响的路径，主要包括空间邻近效应、集聚与扩散效应、要素流动、城市网络、区域分工等五个方面，并对路径的测度模型进行了介绍；最后，从理论上分别就城际间竞争关系对城市发展产生的影响和城际间合作关系对城市发展产生的影响进行理论分析。

研究内容之二：对世界级六大城市群发展实践及启示进行研究。选取了包括北美五大湖城市群、美国东北部大西洋沿岸城市群、日本太平洋沿岸城市群、英国伦敦 – 利物浦城市群、欧洲西北部城市群和长江三角洲城市群在内的世界六大城市群，着重是对这六大城市群发展实践进行了归纳总结，在此基础上，得到了我国城市群发展过程中需要重视城市群内城际关系的影响、城市群内部需要加快城市群一体化进程建设、积极推动城市群内产业分工和产业链的构建等启示。

研究内容之三：以武汉城市圈为例，按照"关系—路径—影响"的分析框架，对武汉城市圈内的城际关系及其对城市发展的影响进行了实证研究。

具体研究内容包括：首先对武汉城市圈内的城际关系进行测度，先从武汉城市圈内九个城市发展质量着手，以"创新、协调、绿色、开放、共享"五大发展理念构建涵盖五个维度的城市发展质量评价指标体系，采用主成分分析法测度出武汉城市圈综合发展质量指数值，可以看出，2003～2014年，武汉城市圈各城市的发展质量总体上都呈现出逐年增加的趋势，武汉市的发展质量大幅度领先其他城市，黄石市的城市发展质量指数值仅次于武汉市，这也验证了在武汉城市圈内黄石市的副中心城市地位。在此基础上，基于Dendrinos–Sonis模型，采用SUR方法测度出基于城市综合发展质量下的城际关系，主要结果如下：黄石市与武汉市和咸宁市呈现出竞争关系，而与潜江市、天门市则呈现出合作关系；鄂州市在城市发展综合质量上，分别与武汉市、黄石市、仙桃市存在合作的关系，与黄冈市和咸宁市是竞争关系；孝感市在城市发展综合质量上，分别与黄冈市、咸宁市存在合作的关系，而与武汉市、黄石市、鄂州市、仙桃市、潜江市和天门市存在竞争的关系；黄冈市在城市发展质量上，与咸宁市存在合作的关系，而分别与武汉市、黄石市、鄂州市、孝感市和潜江市存在竞争的关系；咸宁市在城市综合发展质量上，分别与武汉市、黄石市、鄂州市、孝感市和潜江市存在合作的关系，而与黄冈市存在竞争的关系；仙桃市在城市综发展质量上，分别与黄冈市、咸宁市存在合作的关系，而与武汉市、黄石市、鄂州市、孝感市和潜江市存在竞争的关系；潜江市在城市综合发展质量上，分别与武汉市、黄石市、鄂州市、孝感市、仙桃市和天门市存在合作的关系，而与黄冈市、咸宁市存在竞争的关系；天门市在城市综合发展质量上，分别与黄冈市、咸宁市存在合作的关系，而与武汉市、黄石市、鄂州市、孝感市、仙桃市和潜江市存在竞争的关系。同时又分别从城市发展创新性、城市发展协调性、城市绿色发展、城市发展开放性和城市发展共享性五个维度对武汉城市圈城际关系进行了测度。

其次，按照"关系—路径—影响"的分析框架，从城际间产生关系的路径对武汉城市圈进行了实证研究，研究内容主要包括研究武汉城市圈自然地理和社会经济概况；采用 ESDA 探索性空间数据分析方法对武汉城市圈经济空间格局演变进行分析，具体分别运用全局空间自相关、局部空间自相关和空间变差函数等方法进行了定量研究，得出武汉城市圈内经济空间格局总体上呈现出聚集的状态，内部存在较为显著的集聚现象，局部空间演化中经济热点区较为稳定，但次热点区与次冷点区变化幅度加大，表明武汉城市圈内部经济发展不平衡现象存在，而通过空间变差函数的研究得出经济高点区域在武汉市周围，有向其他地区扩大的趋势，低谷区主要聚集在武汉城市圈的东北部区域。采用社会网络分析方法（SNA）对武汉城市圈关系路径进行了研究，得到武汉城市圈整体网络密度与长三角、珠三角等较成熟的城市群相比仍然存在较大差距，城市群内城市还处于相对较弱的链接状态；中心度的结果得出武汉城市圈城市中心度相对位置变化较为缓慢，呈现出区域性特征，武汉市的核心地位凸显，作为城市群内的核心城市地位在不断加强，城市空间经济联系趋于不均衡。在对武汉城市圈各城市产业分工进行研究时，采用城市产业专业化指数和区位熵灰色关联分析法，得出武汉城市圈各城市产业结构灰色关联度在 0.65～0.87 之间，武汉城市圈各城市与武汉城市圈整体产业结构相似程度并不是很大，具有一定的地域特点的结论。

最后，按照"关系—路径—影响"的分析框架，分别从武汉城市圈内城市间竞争、合作关系对城市发展影响进行了验证。采用面板数据的估计方法，分别选取代表竞争的变量与合作的变量，将其纳入到对城市发展质量的影响中，得到了城市群内城市间的竞争行为对本城市发展质量具有阻碍作用，同时城市竞争关系对城市群内其他城市的发展质量也会形成阻碍作用的结论。而选取合作的变量将其纳入对城市发展质量影响的回归方程中，得到了城市群内城市间合作行为能够对本城市发展具有促进作用，同时城市合作行为对城市群内其他城市发展质量也具有促进作用的结论。在此基础上，提出加强武汉城市圈内城际合作的政策建议，主要包括建设城市群利益分享及补偿机制、实施合作激励制度、鼓励多元主体参与、创新合作战略、整合城市群协作治理体系和构建城市群整体性协作网络。

本书的主要创新点体现在对城市群城际关系及其对城市发展影响这一主题的研究，遵循"关系—路径—影响"的理论分析框架。在对城际关系进行测度时，以城市发展质量为突破口，按照党的十八届五中全会提出的"创新、协调、绿色、开放、共享"五大发展理念来构建城市发展质量评价指标体系，测度出城市群内各城市综合发展质量值，再通过 SUR 方法来判别基于城市发展质量下的城市群内城际间存在的竞争、合作或无关的关系。

目 录

第1章

绪　　论

1.1　研究背景及意义

1.1.1　研究背景

2017 年 10 月 18 日，习近平总书记所作党的十九大报告中第五部分"贯彻新发展理念，建设现代化经济体系"中明确提出"实施区域协调发展战略，以城市群为主体构建大中小城市和小城镇协调发展的城镇格局，加快农业转移人口市民化"。在党的十九大报告辅导读本中，王一鸣在《实施区域协调发展战略》中提出"以城市群为主体构建大中小城市和小城镇协调发展的城镇格局。城市群是我国经济发展的重要增长极，也是最具创新活力的板块。要按照优化提升东部地区城市群、培育发展中西部地区城市群的要求，继续推进长三角、珠三角、京津冀、成渝、长江中游、中原、哈长、北部湾等城市群建设，形成一批参与国际合作和竞争、促进国土空间均衡开发和区域协调发展的城市群。强化大城市对中小城市的辐射和带动作用，逐步形成横向错位发展、纵向分工协作的发展格局。完善城市群协调机制，加快城际快速交通体系建设，推动城市间产业分工、基础设施、生态保护、环境治理等协调联动，促进形成大中小城市和小城镇协调发展的城镇格局"（党的十九大报告辅导读本编写组，2017）。

自 20 世纪 80 年代以来，以城市群为典型特征的城市空间组织形式逐渐形成，尤其是 21 世纪以来，在经济全球化、区域一体化加快发展的背景下，经济集聚度不断提高，城市群在劳动地域分工和生产力分布体系中已成为重要的空间组织形式，城市群的发展就某个区域或国家而言，甚至在世界经济、社会、文化的全面进步方面都起着日益显著的作用（张燕，2014）。在我国，受技术革新、要素流动和产业更新换代等因素影响，区域经济也正由传统的行政区域经济向城市群经济转变，城市群的经济总量逐年攀升，已成为国家经济社会发展的重要载体形式，以城市群为单元成为一国参与全球竞争的重要地域单元（赵勇，2009）。2017 年 9 月，中央电视台综合频道播出的纪录片《辉煌中国》第三集《协调发展》提出我国经济发展出现的变化：中国的传统省域经济正在向中心城市群转变。目前在全世界范围内已形成了六大城市群：英国以伦敦为核心的城市群、欧洲西北部城市群、日本太平洋沿岸城市群、北美五大湖区城市群、美国东北部大西洋沿岸城市群和以上海为中心的长江三角洲城市群，其中以上海为中心的长江三角洲城市群是这六大城市群中形成时间最晚，但就目前发展情况来看，作为我国城市最为密集、经济最为发达的地区，长江三角洲城市群经济总量已经超过英国以伦敦为核心的城市群和欧洲西北部城市群，但就人均 GDP

和地均 GDP 两个重要指标而言，与其他世界级五大城市群相比仍有较大差距。

2009 年，世界银行发布的世界发展报告《重塑世界经济地理》（世界银行，2009）提出了密度（density）、距离（distance）以及分割（division）三维分析框架，从不同地理尺度刻画世界经济地理格局。21 世纪以来，中国的经济社会发展比较突出地表现为生产要素的高度集聚、生产要素的邻近效应和专业化、区域一体化进程的逐步加快，形成了以大城市为核心，大中小城市有机结合，分工协作较为明显的城镇群体（顾朝林，2011）。根据国家统计局及相关统计年鉴公布的数据，至 2017 年末，我国城镇化率达到 58.52%，集中了全国约 65% 的人口，经济总量约占全国 83%，固定资产投资、社会消费品零售总额、外商直接投资等为代表的一系列宏观数据都约占全国的 80%。目前，我国正处于城市化加速发展的阶段，城市群在《国家新型城镇化规划（2014～2020 年）》中已明确作为推进国家新型城镇化的主体形态，是承担主宰国家城市化发展的总体格局的重要载体。在 2006 年《国家十一五规划纲要》中就已明确提出要把城市群作为推进城镇化的主体空间形态，打造以长江及陇海线、沿海及京广京哈线分别为横纵轴，以若干城市群为主体的城镇化空间格局。在"十一五"时期，国家颁布了以长三角、珠三角、京津冀、武汉城市圈、长株潭城市群等为代表的 14 个区域规划（方创琳，2014）。在 2011 年《国家十二五规划纲要》中提出分别以长江和陆桥通道为横轴，以沿海、京哈京广、包昆通道为纵轴，以城市群为依托，从而形成两横三纵城市化战略格局。"十二五"规划纲要提出的横纵轴相比"十一五"时期都有较为明显的扩展。

2011 年 6 月，国务院颁布的《全国主体功能区规划》中将城市群大都列为国家层面的优化开发区域和国家重点开发区，在规划中提出国家重点开发区域是在经济基础、科技创新能力和发展潜力方面都具备一定的良好条件；经济一体化和城镇体系的基础较为完备，中心城市对周围城市有辐射带动能力，可以发展成为区域性城市群，并能够较为有力地带动周边地区协同发展，对促进全国经济社会发展协调具有极其重大的意义。从相关国家规划或政策可以看出，城市群在国家主体功能区规划中是以国家层面的优先开发区和国家重点开发区来进行定位发展的。2012 年，党的十八大报告中提出在城市群规模和布局上要进行科学统筹规划，要进一步加强中小城市以及小城镇的可持续发展，加强人口集聚的功能，增强其在解决人口就业、完善中小城市和小城镇的公共服务方面的功能，并且有序推进农村剩余劳动力人口市民化。2013 年 12 月，改革开放以来党中央首次召开的中央城镇化工作会议和 2014 年 3 月党中央、国务院印发的《国家新型城镇化规划（2014 ～ 2020 年）》都进一步明确了城市群是推进国家新型城镇化的主体空间形态地域单元，并且是承担主宰国家城市化发展的总体格局的重要载体。中国地理学会、中国城市百人论坛和中国科学院地理科学与资源研究所于 2014 年 12 月 20 日联合举办了首届《中国城市群发展高层论坛》，参与论坛的专家一致认为，城市群的形成发展是一个长期漫长的过程（方创琳，2015）。2016 年"十三五"规划纲要中明确提出"十三五"时期，城镇化核心是以人为核心、以城市群为空间主体形态，以城市资源环境承载能力为代表的综合承载能力，通过创新体制机制，进一步加快新型城镇化的发展，建设新农村水平得到显著提高，缩小城市和农村的发展差距，积极有效推进城市和农村一体化发展水平得到显著提高。在"十三五"规划纲要中明确提到加快城市群建设发展，优化提升东部地区城市群，建设京津冀、长三角、珠三角世界级城市群，提升山东半岛、海峡西岸城市群开放竞争水平。培育中西部地区城市群，发展壮大东北地区、中原地区、长江中游、成渝地区、关中平原城市群，规划引导北部湾、晋中、呼包鄂榆、黔中、滇中、兰州—西宁、宁夏沿黄、天山北坡城市群发展，形成更多支撑区域发展的增长极。

中国城市群自20世纪80年代起，历经长三角、珠三角等城市群率先发展的起步时期，新世纪后，我国城市群的发展进入城市群数量和规模大发展的繁荣时期，在国家和地区层面区域发展政策和城市化发展政策的推动下，中国呈现出许多新兴的城市群（贺灿飞，2014）。关于现阶段我国城市群的数量和范围，方创琳（2011）提出"15+8"的空间布局方案，他认为在中国23个城市群中，长三角、珠三角、京津冀、山东半岛、辽东半岛、海峡西岸、长株潭、武汉城市圈、环鄱阳湖、成渝、中原、哈大、江淮、关中和天山北坡这15个城市群在城市群识别标准以及现状分析的基础上是达到发育标准的城市群；而广西北部湾、滇中、黔中、晋中、银川平原、呼包鄂、酒嘉玉、兰白城市群这8个城市群在城市群识别标准下是未达到发育标准的城市群，有待进一步培育。2007～2018年主要城市群规划如表1-1所示。

表1-1 2007～2018年主要城市群规划

城市群名称	出台的相应城市群规划及指导意见	年份
关中平原城市群	《关中平原城市群发展规划》	2018
北部湾城市群	《北部湾城市群发展规划》	2017
长江三角洲城市群	《长江三角洲城市群发展规划》	2016
成渝城市群	《成渝城市群发展规划》	2016
哈长城市群	《哈长城市群发展规划》	2016
长江中游城市群	《长江中游城市群发展规划》	2015

城市群名称	出台的相应城市群规划及指导意见	年份
海峡西岸城市群	《海峡西岸经济区发展规划》	2011
成渝城市群	《成渝经济区区域规划》	2011
长三角城市群	《长江三角洲地区区域规划》	2010
皖江城市群	《皖江城市带承接产业转移示范区规划》	2010
中部城市群	《关于促进中部地区城市群发展的指导意见》	2010
西安城市群	《关中－天水经济区发展规划》	2009
辽中南城市群	《辽宁沿海经济带发展规划》	2009
海峡西岸城市群	《国务院关于支持福建省加快建设海峡西岸经济区的若干建议》	2009
北部湾城市群	《广西北部湾经济区发展规划》	2008
长三角城市群	《国务院关于进一步推进长江三角洲地区改革开放和经济社会发展的指导意见》	2008
珠三角城市群	《珠江三角洲地区改革发展规划纲要（2008～2020年)》	2008
长株潭城市群、武汉城市圈	《关于批准长株潭城市群和武汉城市圈为全国资源节约型和环境友好型社会建设综合配套改革试验区的通知》	2007

资料来源：贺灿飞，黄志基等．中国城市发展透视与评价——基于经济地理视角[M]．科学出版社，2014.

从城市群自身来看，城市群内含有一定数量的城市，城市等级上（大中小城市）也存在着差别，城市职能各异，各城市经济社会发展状况存在着一定差别，但城市群内城市与城市之间存在着非常普遍但十分重要的相互作用关系：竞争与合作。

城市群在本质上就是区域城市化现象，区域内的最重要的核心城市同时具备集聚与扩散功能，在区域城市化逐步显现后，各城市间出现有机集合，从而形成新的区域城市化空间形态。城市群的发展既离不开群内核心城市集聚与扩散效应，也同时影响了群内各城市间分工协作不断加强，城市群内各城市之间联系更加密切，资源在城市群内得到更加高效的流动与有效配置，促使资源利用更加经济，效益最大化，促进城市群内各城市更加充分地利用群内整体优势发展。因此，对城市群内各城市间关系的测度与判别，可以更加清晰地了解城市群内各城市彼此间的联系和产生关系的路径（扈岩，2014）。从区域经济的角度出发，理清城市群内城市间的相互关系，对城市群整合协同发展具有重要的参考意义。

1.1.2　研究意义

随着城市群在国民经济社会发展的重要地位日渐显著，作为国家新型城镇化的主体空间形态，以及一国参与国际竞争的主体和融入全球城市体系的主要途径，对城市群内城市间关系相关问题的研究，也日益增多，这些研究不仅能够科学认识城市群内各城市间的关系，而且对指导我国城市群未来发展及进行城市群规划时城市间的相互关系也具有重要的理论和实践意义。

从经济学视角对城际关系进行研究，能够进一步丰富城市发展理论。将城际关系纳入到对城市群内城市发展影响的研究，是对我国城市发展研究的有效补充与完善。目前对于城市群内城市发展的研究，多是从单个城市进行考虑，而对群内的城际关系及其对城市发展的影响关注较少。本书从城市群内存在的城际关系视角出发，首先对城际关系进行定量测度研究，再将城际间竞争与合作关系作为特殊因素纳入到城市发展的影响研究，对城市群内城际关系及其对群内各城市发展影响进行探讨。研究内容是对城市群内城市发展相关研究进行补充和完善，拓展城市群发展理论。

随着新型城镇化的发展，城市群内城市间的相互作用与相互联系日益密切，研究城市间关系及其对城市发展的影响，不仅可以厘清城市群内各个城市间的相互作用关系，以及相互作用关系对各城市发展的影响，尝试证明各城市发展不仅受自身影响，也受周围城市的影响，同时，也可以为城市群内各城市发展提供指导，促进城市经济社会可持续发展。本研究以武汉城市圈为例，为指导城市群内城市发展、整合城市协作发展具有重要实践意义，也是对城市群发展研究的有益探索。

1.2　国内外研究进展

1.2.1　城市群形成与发展

关于城市群形成与发展的相关研究国内外已有较为丰富的成果。杰罗姆·拉韦兹（J. Ravetz，2000）在 2000 年时就提出了"城市区域"，他指出城市区域就相当于"城市—腹地"系统，系统内部在产业、通勤、流域等方面具有较为密切的联系，在此联系下逐渐形成了一个功能区域，该功能区域在空间上呈现出不断扩展的表现形式，在经济空间联系方面也呈现出密切联系的态势。吉田（Tabuchi Yoshida，2000）在对日本城市的基本数据进行分析的基础上，提出城市群集聚经济对生产和消费的影响，其研究得出工资率是推动城市群发展的驱动因素的结论。还有学者提出城市群形成的原因主要归因于经济全球化这一大背景下，随着经济全球化，世界各地区相互间联系比以往任何一个时期都更加紧密，世界范围内各城市间生产要素流动更加频繁，一方面，各城市间也出现了较为激烈的竞争态势，但另一方面，世界范围内各城市相互间合作也更加紧密，各城市间通过相互合作逐渐形成了城市群网络，形成的空间结构以一个中心城市及其腹地或多个相邻的中心城市组成（欧阳峣，2008）。路易斯托·贝尔蒂内利（Bertinelli，2004）认为城市群的形成应从分工的角度进行探讨，他认为城市间生产与交易活动是城市群形成的本质，在生产和交易活动中既提供了厂商需求的市场，也能够促进消费和交易以及各种信息的传递。

在城市经济学中主要认为本地化的外部规模经济是城市的集聚力，而"地租"的集聚不经济是形成分散力的原因，空间距离对产品的交易不构成影响，城市群的形成是基于利润最大化的发展者（李学鑫，2007；杨盛标，2010；赵勇，2009）。亨德森（Henderson，1974）基于 Alonso 的城市内部结构模型框架下，在城市都为专业化城市，马歇尔集聚、拥挤导致分散和产品与劳动都处于完全流动的条件假设下，建立了城市体系形成的静态模型，在模型中强调地方政府在城市群中的主要作用。阿卜杜勒－拉赫曼（Abdel－Rahman，1990）分别引入非贸易性最终产品、产业部门间的外部性和范围经济，构建了专业化和多样性城市并存的城市系统模型（邬丽萍，2010）。城市群形成的微观视角主要是采用迪克西特和斯蒂格利茨的产品差异化和垄断竞争模型，将这两种模型具体运用到城市环境中。阿拉斯（Anas，2003）提出城市的多样化与专业化可看作是贸易成本与城市区位成本相互作用的结果。迪朗东和普加（Duranton and Puga，2004）从知识溢出的角度模拟了多样性城市的形成，并解释了专业化城市和多样性城市共存的微观机理。

新经济地理学借助于多个微观经济学的模型，以报酬递增、运输成本等多个概念为核心概念，深入研究城市体系结构的全面形成，在新经济地理学中，将城市群的形成过程看作是一个自然组织的过程（赵勇，2009）。克鲁格曼（Krugman，1993）和藤田昌久

（Fujita，1995，1996）以单中心空间经济模型为基础深入分析，他们认为在这一模型之中，城市的形成以及城市的全面深化过程中所呈现出的集聚力都是多个不同种类的制造品，分散力指的是各个城市与其腹地两者来往的运输成本，一旦人口超过了临界值，单个城市体系便会朝着多个城市体系的方向转化。克鲁格曼、藤田昌久和莫瑞（Krugman，Fujita and Mori，1996）借助于分叉理论来做研究，这一分叉理论属于非线性动力学中的一个理论，通过演化的方法，将经济空间的动态调整引入到经济空间中去，从而将原有的模型进一步拓展，使之成为一个多城市的模型。内生增长理论也是以垄断竞争以及规模收益递增假设作为基础理论来进行研究，在内生增长理论中，人力资本和知识被当作是城市规模不断扩大的一个动因，指出人力资本以及知识会不断推动城市体系的快速演化（赵勇，2009）。在这方面比较有代表性的成果有：吉尔斯和迭戈（Gilles and Diego）以共享、匹配等理论为基础，借助于对理论模型的深入研究，阐述了城市群经济的微观基础，指出了城市群存在的原理（张冀新，2009）。布雷齐斯和克鲁格曼（Brezis and Krugman，1997）的研究指出，新技术的开发与应用会直接导致一个新的城市成立，而过分依赖于老技术势必会导致城市的衰落。伯利安、里德和王（Berliant，Reed and Wang，2006）借助于多个理论基础，构建了一个空间集聚与城市发展两者之间关系的模型，在此模型基础上提出对于区位知识的依赖性会推动整个城市体系的全面构建。

国内针对城市群发展方面的研究角度众多。在关于城市群的形成机制研究中，城市在发展过程中逐步发展成为城市群的空间形态，城市群这一空间形态是城市发展形成的更高等级的空间形态。在区域经济学和城市经济学理论下，城市群的形成发展具有若干理论支撑。赵雪娇（2018）从功能分工和专业化的角度进行相关城市群形成研究；杨小凯（1998）基于新古典经济学相关理论，认为城市群是基于专业化下形成的网络分工；李国平（2009）认为城市群是基于微观个体企业在降低交易费用、提高交易效率、获取由专业化分工时产生的报酬递增下形成的一种空间形态，并提出城市群发展是在专业化分工不断深入，但在空间形态表现为离散下形成的。城市群不断发展的过程中，依靠其市场规模不断扩大、交易成本不断降低、调节产业空间布局，从而不断深化分工协作，降低交易成本，提高市场交易效率，促进区域不断发展。陆铭（2017）认为城市群的存在条件，在经济活动与空间的关系上表现为经济活动在空间上呈现出集聚状态，而城市群内部的核心大城市是经济活动集聚的主要区域，而同时，经济活动在空间上表现为彼此依赖，在城市群内部，城市与城市之间就表现为不同城市规模的城市相互之间分工协作，并呈现出相互之间互为需求与供给，从而形成一个有机整体。陆铭（2017）提出城市群在我国分别表现为地理维度、经济维度和行政维度三个概念。地理维度是城市群以某个大都市为圆心、一定距离为半径，形成地理学的"圈"；经济维度是指城市群核心大城市对周边城市存在一定的经济距离辐射范围；行政维度是基于国家发布的重要文件、相关城市群发展纲要等对相关城市群边界或范围进行规定，通过加入城市群来促进与区域内更多城市的经济贸易往来及区域内形成的接近统一的市场（陆铭，2017）。陆铭还指出不同的城市群在形成过程中由市场机制决定的范围或边界存在明显的差异，城市群内的核心城市"辐射范围"在空间维度上也存在显著差异。由于城市群中核心城市辐射范围会随着发展发生空间距离的变化，因此在相关城市群规划发展文件和纲要制定时需要认真考虑。陆铭认为城市群的形成和发展背后是经济力量的作用（陆铭，2017）。

在空间演化的视角下，我国著名城市群研究学者姚士谋（2001）提出城市群空间演化表现为一方面城市集聚效应下，城市人口逐渐增多后表现为拥挤效应的产生，经济活动从核心城市不断向周边城市进行分散，另一方面，则表现为经济活动中的工业集聚呈现出分散化，而郊区也逐步呈现出郊区城市化特征；在后来的研究中，姚士谋（2008）提出信息技术的快速发展直接导致制造业不再是城市的一部分，高层管理机构开始逐步朝着市中心进行集聚。叶玉瑶（2006）提出空间演化在不同时期表现的动力不尽相同，在农业经济时期空间演化以自然生长力为主，在市场经济时期空间演化以市场驱动力为主，在新经济时期空间演化以政府调控力为主。在新经济地理学下，城市群的形成与区域产业集聚和贸易间相互联系进行有机结合，表现为个人与企业在空间内追求效用最大化的自组织过程，而多中心城市群的形成是基于某区域内足够多的人口、产业和复杂的城市结构等，在其周围逐步分化形成新的城市，从而形成多中心城市群（赵雪娇，2018）。

胡彬（2013）的研究表明，当前国内外的跨国企业发展过程中呈现的空间网络化特征是城市群发展的直接反映。周牧之（2004）的相关研究表明，产业集聚模式不断全球化发展的过程中，使大量外资流入国内，产业基础设施的全面提升直接推动了我国三大城市群体的构建。还有学者的研究结果指出，城市群是一个城市的区域产业结构在空间上的一个直观体现。新的技术不断引进的同时，势必会带来主导产业的快速转换，而产业结构在不断地变化过程中势必会带来各种不同的效应，这些因素都直接影响着城市群经济的自我发展能力。城市群的全面发展离不开一个根本的动力——工业化的发展。具有代表性的研究有：张祥建（2003）、周天勇（2003）的研究结果指出，产业的发展以及变迁会直接推动城市群演化，而产业关联效应以及产业聚集效应等多种效应会对城市群的空间结构变化产生影响。学者们普遍认为城市群的本质就是各个城市之间有既定的联系网络，城市群的形成过程就是各个不同城市之间所存在的人流量、资金流、技术流等方面的交互推动（李亚婷，2014），同时，它还是区域集聚效应以及区域扩散效应相互矛盾运动的直接体现。城市群的形成有一个巨大动力，那就是中心城市与其周边各个城市在空间位置相邻条件下所产生的相互作用（胡序威，2000）。甄峰（2004）通过研究指出，城市群空间结构的全面发展受到多种因素的影响，其中就包括了政府的相关政策、信息技术发展、经济全球化与产业集聚化等。此外，还有部分学者认为市场机制、投资机制、产业分工合作机制等是城市群形成的重要机制（苏雪串，2004）。范红忠、李国平（2003）通过构建两地区和三地区资本和人口流动模型，指出造成地区经济差异的关键因素是人口流动成本。郑元凯（2008）以制度变迁的相关理论基础为依据，分析了城市群的全面发展所产生的原因。另外，还有学者指出经济全球化以及跨国公司的不断增多是推动城市群形成的一个重要动力。赵勇（2009）从区域一体化的视角对城市群形成机理做了较为详细的分析和研究。《2009 年世界发展报告：重塑世界经济地理》中首次提出 3D 这一新的分析框架：密度（density）、距离（distance）和分割（division）。胡鞍钢（2015）认为直接影响市场格局在我国的突出表现为传统海陆格局转化为新型板块格局下的地理因素，其具体形式在我国表现为三大支撑带，并提出我国区域格局有利于实现区域政策空间属性的平衡，这表现在西部大开发、中部崛起与东部率先发展处于竞争状态，区域差距表现出一定的波动状态。而"一带一路"和长江经济带是将区域已有发展优势与新型空间关系相互结合，提供有利于我国东中西部地区合作的发展平台。这种较大尺度的地理格局融合了城市群、发展轴（带）和府际关系的融合。长江经济带内部涵盖了东部的长江三角洲城市群、中部的长江中游城市群和西部的成渝城市群三大国家级城市群，在经济距离上表现为阶梯式转换，从而促进运输成本的下降，带来制造业等产业由东部地区向中西部地区进行转移，在市场分割上，以往的行政区经济发展模式在长江沿线这一特殊生态联系下向经济区经济发展，从而带来要素自由流动更加便利（夏添，2018）。

从城市群的形成与发展来看，不同的研究视角都对城市群形成与发展进行了有效的学术探索。其中城市群形成的空间结构基础表现为城市间空间相互作用，城市群经济发展是城市间分工与专业化协作作用下推动进行，而城市群内部相互联系的微观基础是产业、企业间扩散，城市群不断发展的动力来源于空间演化，新经济地理学视角下，将城市群内部城市间相互联系涵盖在同一个分析框架内，认为个人、企业在追求各自利益最大化下得到的空间均衡状态是城市群形成的重要原因（赵雪娇，2018）。

1.2.2 城际关系

一个城市的诞生同周边城市间存在着密切的联系，同时，城市与城市之间彼此的联系推动了城市关系的产生。城际关系的研究，可以追溯到最初由克里斯塔勒所提出的中心地理论（张闯，2009）。该理论明确了不同城市间彼此的层级体系关系，同时认为不同城市在进行互动的过程中单纯的局限在单向层级互动，即规模较大的城市为规模较小的城市提供相应的商品以及服务，然而城市与城市彼此间的横向联系则不在此研究的范畴中。自20世纪60年代后，西方学者研究城市间关系的概念基础是城市形成"系统"，认为城市系统是一个国家或大的区域内在经济上相互联系的城市集合（张闻，2009），具有代表性的有：布尔内斯和西蒙斯（Bourne and Simmons，1978）认为，城市系统是一个复杂的形态，系统内的城市之间紧密地相互作用形成了影响城市发展变化的反馈效应。学者们关注较多的研究领域主要包括对某个国家或地区城市系统结构及其演化和规制政策的研究、对系统内城市间互动的研究、对城市系统内要素分布及其与城市系统结构间相互影响的研究等（Esparza，1994；Jakobsen，2005）。

此外也有部分学者在对中心地理论等学说展开深入研究后指出，理论与现实存在脱节的地方，层级组织等内容很难有效阐述现实中所涌现出的各种现象。普雷德（Pred，2014）的研究表明，在城市系统中，规模较大的城市在彼此间有着频繁的交流与互动，同时，实践中常常出现规模较小的城市会向规模较大的城市输送产品以及服务的情况。导致这些现象发生的原因在于小型城市经济呈现专业化的发展趋势，小城市会致力于生产某一种或是若干种具有优势的产品，进而将这些产品销往大型城市。然而，在整个城市系统当中，城市与城市彼此间的互动，常与小型城市从周边或是比邻的大型城市获得产品与服务存在着截然相反的观点和看法。相反的观点是，尽管小型城市可能在周边就有大城市的存在，但是他们在开展贸易的过程中会将目光投向那些地理位置更为遥远的城市。根据普雷德（2014）的研究成果，过去针对城市系统的理论研究中过多地将研究的重心放在了城市与城市彼此间的层级结构。但是就城市和城市彼此间的关系来看，其并不只是通过单纯的层级结构能够加以阐述的，其关系比研究者想象得更为繁复。同时持有该观点的还有埃斯帕扎和克梅内克（Esparza and Krmenec，2000），他们同样对城市之间的复杂关系表示赞同。在城市系统中，大中小规模的城市彼此间基于需求形成了相互合作和贸易关系，这同城市层级并没有直接的联系，这从一定程度上颠覆了理论界关于城市关系的原有观点。理论界逐渐意识到了这一点，将原本重点讨论层级体系的城市关系研究转变了方向，开始着手将研究重点放在城市网络上。弗里德曼（Friedmann，1986）将研究的落脚点放在了国际分工理论上，同时把重点研究对象定位在那些具有强有力资本的世界城市上，进而结合城市关系思想提出了学界知名的世界城市假说。根据其观点，城市为资本基点，同时城市彼此间的相互联系便生成了较为繁复的空间层级。一个城市不仅是企业开展生产工作的场所，同时也是制定和落实市场占领的据点，在对城市所发挥的功能与作用加以充分考量之后，便构成了城市层级体系。同时，城市同城市彼此间的层级结构关系同国家城市系统的层级机构存在着一致性（张闯，2009）。卡斯泰尔（Castells，2011）的研究结果表明，网络社会是以流空间来实现全面组织的，流空间一般有三个层次：一是物质基础；二是相关地点与工作；三是运动方式。借助于这三个层次，将全世界范围内的人才都组织起来。卡马尼和沙龙（Camagni and Salone，1993）的研究指出，城市多种不同的城市之间由基础设施系统所构成，并且还包含了各个不同城市之间人们的活动空间以及各种不同的经济活动。史密斯和贾斯汀（Smith and Timberlake，1995）将城市间的联系理论全面梳理，从而形成一个既定的概念，他们的研究指出，城市之间的联系从功能与形式两个不同的角度可以将其分为多种类型。首先，从功能的角度来进行划分，可以将城市之间的联系划分为四个类型，分别是经济联系、社会联系、政治联系、文化联系；从形式的角度来进行分类，可以将城市之间的联系划分为三个类型，分别是人与人的联系、物质的联系以及信息的联系。在此理念研究成果的基础上，泰勒（Taylo，2001）以海默

（Hymer，1972）所提出的微观视角为研究的出发点，他将城市间网络的概念进一步深变，将之化为连锁网络。泰勒（2001）指出城市自身无法推动它本身与其他城市的互动，同样也无法制造出财富，城市之间的联系是借助于多种不同的因素来实现的，城市的各个组织机构才是城市联系的制造者（张闯，2009）。奥尔德森（Alderson，2004）等人都借助于泰勒（2001）的研究方法，针对跨国企业的总部与分部之间的联系来实现对两个城市联系的全面测量（王红霞，2011）。

丹德里诺斯—索尼斯（Dendrinos – Sonis）模型是近年来研究城际关系的一个较为成熟的方法。丹德里诺斯—索尼斯（Dendrinos – Sonis，D – S）模型最早被运用于研究人口的竞争性和合作性，后用于各个国家经济发展的竞争合作性分析。丹德里诺斯和索尼斯所构建的模型能够在一个动态的发展中将城市之间既定的关系直观而准确地体现出来（朱列，2015）。丹德里诺斯和索尼斯早在1988年时便提出了一个离散社会空间动力学分析理论，在研究的过程中也将人与人之间的竞争与合作作为研究的重心。苏哈西尔·纳扎拉（Suahasil Nazara，2006）等运用 D – S 模型对印度尼西亚区域收入份额进行了竞争合作关系研究。保罗·波斯蒂格龙和杰弗里（Paolo Postiglione and Geoffrey，2008）将意大利划分为东北、西北、中部、南部、群岛五个区域，应用 D – S 模型计算分析五个区域之间的竞争合作性关系，并进一步深入研究五个区域内部各省之间的竞争合作性关系等。

我国学者对于城市间关系问题主要从城市间经济联系、城市群内部功能分工、社会网络研究方法和离散社会空间动力学分析理论模型等视角进行相关研究。城市间经济联系的研究经历了从早期的定性研究发展到定量研究，而研究的对象也从过去的单个城市，转变为研究各个城市与其他城市的关系方面的研究,同时也从对外联系的研究转入研究城市之间的联系方面的研究(何涛,2010)。在城市不断网络化的发展过程中,城市间经济联系方面的研究也在不断朝着多元化的方向发展。其主要从以下几个层面上着手:首先是针对各个不同区域之间的客流量与货流量的分析方面的研究;其次是从最小努力原则方面着手来研究城市的主要联系方向;再次是对城市的经济区、都市圈等多个方面的研究;最后还有针对城市联系机制的构建方面的研究以及对地缘经济之间存在的既定联系方面的研究等(江璐璐,2014)。如苗长虹(2006)等运用引力模型以河南省为研究对象,研究了该省各个城市之间存在的联系,同时也对郑州与其他各个省会之间的经济联系进行了全面的测度,同时,借助于对河南省多种交通运输方面的数据分析,最终研究结果表明,经济联系量与交通联系量两者之间存在着非常明显的相关性。

从地缘经济关系的视角对城市关系的研究是近些年来的研究热点。各个地区之间的多种联系都会对该地区的经济发展造成影响,这种经济关系称为地缘经济关系。从其影响的方向角度来进行分类,可以将这种关系分为两种,一个是竞争型关系,另一个是与之相对的合作型关系。其中,前者是指两个地区因经济结构以及其资源、地理等因素的高度相似性而导致了两地形成竞争性的关系,使两地对于资金、技术以及人才、资源等方面的需求趋同化。而后者则是由于两地之间的经济结构、资源、地理等因素之间存在着明显的差异性,从而使两地之间实现了共同进步、互促共赢的关系(张磊,2003)。对城市地缘经济关系采用的方法中,主要是欧式距离法(ED)(江进德,2012),后期对地缘经济关系的研究从地缘经济关系与经济联系量的匹配程度进行分析。代表性的研究有:闫海龙(2015)运用引力模型和欧式距离相结合的方法,对天山北坡城市群内各城市与中心城市乌鲁木齐的空间经济联系和地缘经济关系进行了研究，得出乌鲁木齐与各城市之间更多表现出的是加强合作和调整战略型，说明天山北坡城市群内各城市的经济联系水平较低，城市间的合作还非常有限。左学金（2010）基于交通的视角，认为交通条件的改善给长三角地区城市间关系带来了新变化，他认为随着长三角地区交通网络的逐步完善，相对欠发达城市与相对较发达城市之间的发展差距有缩小的趋势，长三角地区城市间互动发展的圈层分化现象在加剧，长三角城市区域正逐步走向扁平化发展。

从城市群内部功能分工的视角研究城际关系（毕秀晶，2014），区域内的各个城市之间要存在一定的联系，才能保证城市之间有一个良好的人流量、物流量以及信息流量。所以，对于城市群的各个城市之间关系的深入分析，对这些多种联系与模式的特征进行深入研究，对于城市群的全面发展具有重要的意义。在早期的城市群空间联系相关的研究中，主要是针对基础设施网络方面的统计与深入分析进行研究，同时以城市相互作用的模型为基础，对各个城市经济联系方面所产生的影响进行分析，通常可以将其分为三个类别来实现定量测量。第一类是借助于各种经济统计数据以及空间相互作用模型来进行研究。朱英明（2002）对城市群空间联系方面的概述进行了明确的界定，并且构建了一个城市流强度模型体系，对于城市群中所呈现出的经济空间联系进行了归纳。第二类就是以基础设施网络方面为基础的相关研究。第三个类别是指借助于城市流强度模型来对城市的各种分工联系进行的相关研究。李俊峰、焦华富（2010）以江淮城市群为研究对象，从而深入研究了该城市群之间所形成的相互作用的强度，对强度进行了精准的测算之后深入了解了城市群内部潜在的城市空间联系。随着劳动空间分工理论的产生与不断深入发展，使城市群空间的相关研究有了一个新的视角，学术界诸多学者开始从劳动空间分工的层面上对城市群内部分工联系进行了全面的研究，各种新的城市经济联系观点纷纷出现（贺灿飞，2011）。李少星（2011）从国际产业分工等角度进行学术研究，他以长三角城市群在发展过程中的空间演变为研究对象，分析了城市联系最终形成的原因，这种研究方法无法很好地刻画出城市联系之间的强度，同时也无法体现出城市联系的空间模式。

在社会网络分析方法不断发展的过程中，世界城市网络研究方向开始被引入到我国城市关系的研究中，借助于社会网络分析的方法来实现对城市群内空间的全面分析成为当前研究的一大重点（毕秀晶，2014）。一方面，有学者借助于社会网络分析法，通过各种模型从而实现了对城市联系的可视化。韩会然等（2011）以网络分析法为研究工具，以皖江城市带为研究对象，分析了城市群体之间的联系变化现象，借助于核心—边缘结构模型对最终的研究结果进行了检验，最终的研究结果表明，研究对象当前的空间经济联系结构越来越复杂。李仙德（2014）以我国的上市公司为研究对象，借助于大量的数据对长三角城市之间的联系模式进行了分析。赵新正（2011）选择了跨国公司500强企业为研究对象，搜集了这些企业的相关数据，借助于网络分析法对跨国企业之间的经济联系以及他们所在的长三角城市联系网络之间的联系作了深入研究。毕秀晶（2014）利用社会网络研究方法从微观企业联系视角对长三角城市网络特征进行了研究。

运用 D–S 模型对城市间的关系深入研究。近来，国内的部分学者借助于 D–S 模型对城市间竞争合作关系进行了尝试性研究，粤港澳大湾区是我国建设世界级城市群和参与全球竞争的十分重要的空间载体，从全球范围来看，目前发展较好的湾区包括美国纽约湾区、旧金山湾区和日本东京湾区。粤港澳大湾区建设被写入党的十九大报告和2017年、2018年政府工作报告。因此，近两年粤港澳大湾区内部城市间竞争合作关系相关研究成为研究热点。湾区经济是目前城市群发展的新形式，湾区经济的发展不仅受到行政因素的影响，更受到湾区内部城市经济发展的相互依存度影响，内部城市之间表现的竞争关系与互补关系会直接影响湾区整体性经济发展（陈明勇，2018）。陈明勇在其研究中提出粤港澳大湾区区域发展具有较大的发展潜力，但从目前来看，粤港澳大湾区与世界级三大湾区（美国纽约湾区、旧金山湾区和日本东京湾区）相比，在人均GDP、区域竞争力和湾区内部发展的均衡度等方面仍然存在较大的提升空间，与长江三角洲城市群相比部分指标发展也存在一定的差距。因此，粤港澳大湾区从区域经济相关理论和目前发展现状来看，湾区内部各城市之间的聚合效应有待提高。对于粤港澳大湾区的研究，陈明勇认为已有相关研究忽视了粤港澳大湾区内部的城市间聚合结果的合理性这一相关问题研究，他以1997~2016年粤港澳大湾区所涵盖的11个城市第二产业与第三产业的产值作为研究数据，采用D-S模型对粤港澳大湾区内部11个城市进行测度，得出以下研究结果：①粤港澳大湾区中若以广州市作为中心城市，广州市与粤港澳大湾区内部6个城市呈现出经济互补关系，与深圳表现出竞争关系，总体上湾区内部集聚效应较为明显；②粤港澳大湾区中若以深圳市作为中心城市，深圳市与粤港澳大湾区内部7个城市呈现出互补关系，而与广州市表现为竞争关系，湾区内部集聚效应更为明显，从扩散效应来看，湾区内部其他10个城市除向深圳市的资源集聚效应后，仍有部分城市之间呈现出互补关系；③粤港澳大湾区中若以香港作为中心城市，香港与粤港澳大湾区内部3个城市呈现出经济互补关系，粤港澳大湾区内部呈现出的集聚效应并不突出，湾区内部其他 10 个城市的互补关系较为有限，而湾区内部扩散效应却表现突出。从研究结果来看，粤港澳大湾区内 11 个城市的竞争互补关系表现出明显的差异性结果，广州和深圳分别是粤港澳大湾区内部中心城市，两个城市表现出的集聚效应都较为显著，同时，广州市和深圳市作为中心城市对粤港澳大湾区内部其他城市的挤压效果也表现十分明显。从扩散效应来看，除广州、深圳和香港三个中心城市外，粤港澳大湾区内部涵盖的其他 8 个城市之间正向互补关系要略低于竞争关系，并且研究结果表明，粤港澳大湾区以深圳和广州作为中心城市集聚效应较为明显，但湾区内部城市与城市之间竞争会对整个湾区经济产生较大影响，可能会形成 1 + 1 < 2 的结果。因此，陈明勇得出了多中心结果的经济效率要低于单中心结果经济效率的结论。并根据"平台经济学"概念，提出粤港澳大湾区可以建设共生性平台，平台执行方是深圳市，依据其创新能力较高优势，资源控制方是广州市，依据其政治要素优势，资金运作方是香港，依据其金融中心的优势，将目前粤港澳大湾区多城市中心的模式发展为单平台中心模式，这一模式将解决目前粤港澳大湾区呈现的竞争互补现状（陈明勇，2018）。

程玉鸿（2018）也以粤港澳大湾区作为具体研究区域，采用的数据主要是通过构建涵盖城市经济发展、产业发展及居民生活等多指标城市竞争力评价指标体系，采用 D - S 模型对粤港澳大湾区城市群 11 个城市的竞争与合作关系进行了定量测度，得出粤港澳大湾区城市群内部大部分城市之间呈现出合作关系，以各单体城市为主题来进行观察，主要形成了三种不同层面城市与城市竞争合作关系：①在粤港澳大湾区内部三大核心城市深圳、广州和香港之间的关系表现为三个城市两两之间都为较强的合作关系，三个城市各自的发展都会对其他两个城市发展产生促进作用；②粤港澳大湾区内部核心城市与其他城市间的关系表现为，核心城市分别与湾区内部其他 10 个城市之间呈现出合作关系，但这种合作关系下，核心城市的收益要远高于其他城市，这三大核心城市合作下收益大小依次是深圳、广州、香港；③粤港澳大湾区非中心城市之间的竞争合作关系表现为，除东莞市与佛山市、惠州市为竞争关系、中山市与江门市为竞争关系外，其他城市彼此之间都表现为合作关系，但这种合作关系并不是双向合作关系，而是单向合作关系，是一种弱合作关系，也是粤港澳大湾区未来发展中城市与城市之间双向合作关系的前序发展表现。在粤港澳大湾区内部，程玉鸿（2018）提出要在目前发展基础上，各城市应提高城市职能分工，形成大湾区内部有效合理的城市分工体系，从而促进城市之间优势互补，避免城市与城市之间发展趋同下的激烈竞争，这也将促进城市群协同发展的形成。目前粤港澳大湾区内部核心城市香港和深圳两个城市分工模式发展较好，实证结果也显示香港和深圳两个核心城市之间的关系为合作关系。同时程玉鸿提出城市之间的良好分工将促进城市化发展，也是城市群实现有序发展、集约高效的重要途径。城市群内部各城市在发展过程中处于发展水平、发展阶段、产业结构、要素禀赋等都存在明显差异，各城市在发展过程中，在利益诉求上一旦与城市群内其他城市发展产生矛盾，都会打击合作的积极性，而形成城市之间的竞争态势，因此需要建立城市群内部完善的城市间合作激励制度。就粤港澳大湾区发展而言，程玉鸿（2018）提出了以下几点建议：一是在制度上要创新实施合作激励制度，促进城市与城市之间的合作，实现粤港澳大湾区一体化发展；二是学习国外城市群发展的成功经验，以建设现代产业体系为目标，发展粤港澳大湾区内部合理的城市分工体系，在发展过程中注重产业结构优化升级，淘汰相关落后产业，充分利用国内、国外两个市场进行发展；

23

三是提出粤港澳大湾区的建设要建立立体交通体系，为湾区内部经济、社会发展提供便利，从而促进湾区内部各城市之间资金、人力、技术等要素自由流动与优化配置；四是在基础设施建设方面，要充分考虑整体性，多向内部发展较为落后地区进行倾斜，从而有效改善粤港澳大湾区内部城市之间基础设施不平衡现状，促进粤港澳大湾区内部城市与城市之间均衡性协调发展，从而在发展自身的同时促进粤港澳大湾区整体发展，提升粤港澳大湾区内部城市与城市之间相互依存度，降低城市发展水平差异，从而促进粤港澳大湾区城市群整体均衡发展（程玉鸿，2018）。

其他具有代表性的相关研究有：赵雨蒙（2018）以淮海经济区为研究区域，以"流空间"理论为指导，以"连锁网络模型"为研究思路，将以往的城市等级关系转变为城市网络关系，以九类主要生产性服务业在淮海经济区所辖 20 个地级市分布的规模与等级信息，通过社会网络分析方法，对采集的关系型数据进行量化分析，得出淮海经济区内部各城市之间表现为网络化特征，呈现出核心城市为徐州市、临沂市，网络型格局为"东高西低"的局面，区别于以经济总量为测度指标的表现特征。此外，通过研究还发现不同的生产性服务业对淮海经济区城市网络的贡献度也呈现出不同的特征。朱列等（2015）认为城市群内部城市之间普遍存在竞争合作关系，这种竞争合作关系也成为城市群发展的重要动力，但城市群内部发展不宜过度化竞争，这将有碍于城市群的协调发展。通过应用 D-S 模型，以珠江三角洲的部分城市为研究对象，进行实证研究发现，整体上珠江三角洲城市群内部各城市之间合作性大于竞争性，广州、深圳、中山之间存在较强的合作性，佛山与惠州存在较明显的竞争性，而其他城市之间合作性和竞争性不太明显，但存在较强的合作性。赵昱（2009）基于 D-S 模型，利用广西五大经济区的创新产出数据，分析了区域之间以专利授权量为创新产出度量的竞争合作关系。苏方林（2010）运用 D – S 模型应用在国内能源研究领域，通过对中国 30 个省（区、市）低碳消费行为的竞争性和合作性进行分析，得出整体上中国省域煤炭消费行为体现出竞争性特征的结论。

1.2.3 城际关系对城市发展的影响

城市发展所涉及的范围本身就很广泛，研究内容呈现出多样性的特征。针对本书的主要研究内容，着重从城市竞争和城市合作对城市发展的影响两个方面进行文献评述。

对于城市竞争对城市发展影响的研究。理论上，可以追溯到蒂布特（Tiebout）1956 年通过采用静态的古典式经济研究方法，建立了一个地方公共产品供给模型来分析城市竞争对公共产品供给、地区经济增长的影响（司林杰，2014）。其主要观点为居民是具有双重身份的，在社会结构中不仅是消费者，同时也是投票者，若居民流动性增强，那么不同地区为了提升各自的竞争力，将会向居民提供更多的公共产品以及服务，这就是"用脚投票"理论。在后续的研究中提出的观点包括城市竞争是具有效率的，对地区经济增长是有益的。具有代表性的研究主要包括：布伦南（Brennan，2005）指出，流动资本竞争可以以提供无效服务、低效服务等方式，使其治理的质量和水平得到提升，其中低效政府对纳税企业的吸引力明显不足。通过竞争还能够促进组织的创新能力，从而生产出科技附加值更高、成本更低的产品，并基于此形成各种新观念和新理念（刘亚平，2004）。有学者认为，资本竞争若超出了一定的限度，那么将会对地方税率、福利供给等多个方面产生影响，并且将会导致政府在供给方面低于最优水平（刘强，2009）。蔡洪滨和特瑞斯曼（Cai and Treisman）指出，如果地方政府陷入无序竞争的状态，那么将会对宪政秩序产生严重破坏，使得中央政府在进行管制与征税等方面的能力有所削弱，从而造成地方政府会以逃避、欺骗等方式回应上级竞争。奇林科和威尔逊（Chirinko and Wilson，2011）对地区竞争展开深入研究，结果显示，无论是美国还是欧洲国家，一些地区的资本税率出现下调的现象，并且这种现象非常明显。他们以美国48个州为研究样本，对其面板数据采取实证分析的方式展开研究，结果表明，对于每个州而言，其他州的税率如果发生变化，那么这个州的税率也将受到影响；如果一个州的税率下调，那么其他州在税率方面也将存在下调的趋势。还有学者认为城市在发展过程中要注重竞争的城市战略研究。布伦纳和西奥多（Brenner and Theodore，2005）提出城市的发展是以其他城市减缓发展为代价，导致"破坏性的地域间竞争"。

20世纪80年代，我国开始推行财政分权，地方政府逐渐成为财政收支的主体，中央政府的权力重心不断下移，并且构建了以地区经济发展为主要内容的考核机制，其目的是为了更好地促进区域经济的发展。这种有效的激励和约束机制，对地方政府产生了较为明显的影响，政府官员的行为方式也发生了重大转变，他们通过各种手段努力提升区域经济规模，其目的是为了能够拥有更多的晋升机会（刘强，2009）。一种观点是，地方政府竞争对地区经济增长具有积极影响。钱颖一和许成钢（1993）认为，中国地方政府所拥有的经济资源充沛，加之拥有高度的自主权，从而导致地区之间的经济竞争愈演愈烈，并且拓展到私营企业的发展，鼓励私营企业的发展。对于这一竞争过程，可以称为一个"趋好的竞争"，即地区间的经济竞争对中国经济增长具有促进作用。还有学者认为在我国经济转型的重要阶段，地区竞争、财政分权对加速经济转型都发挥了极大的作用，主要表现为能够将不同利益主体的积极性有效地调动起来，进而使地区经济获得更加快速的发展。

不过，有些学者对地区竞争能够促进经济增长这一观点持异议，指出在我国现有的政府管理机制中，城市之间的竞争并不一定能够使经济增长步入良性发展的轨道，反而可能造成地区之间贸易交易成本被拉升，对经济增长产生负面作用（司林杰，2014）。魏后凯（1997）指出，我国城市建设中存在比较严重的重复建设问题，并且这种现象已经陷入一种恶性的循环，导致其发生的主要原因就是由于政府都想努力提升其经济发展水平，从而造成我国城市之间的竞争陷入一种无序的状态，并形成了一种恶性的竞争模式。张可云（2001）在对我国城市竞争进行分析后，也指出了我国城市重复建设这一问题，而该过程则可以被归结为由于利益原因所导致的"囚徒困境"，而其最终的结果将是各方利益都受到不同程度的破坏。还有学者指出，对于一些经济发展水平相对落后的地区，为了能够获得更高的收益，在城市竞争中通常采用地方保护主义、市场分割等途径，但是这些做法不符合市场规律，从而对地区经济发展产生负面的影响，不利于全国市场的统一（王小龙，2002）。周黎安（2004，2005，2007）以晋升激励这一层面，就我国地方政府官员的激励与约束进行了深入分析，并就政府竞争的动力问题进行了全面的阐释。他指出，导致我国政府竞争的主要原因是由于中央政府对地方政府所采用的激励机制，使地方政府官员将地区经济发展作为其升职的"试炼场"。地方政府官员在体制中进行博弈，中央政府对官员人选的决定性越高，那么相应的这种地区经济竞争也将随之更为激烈。周业安、宋紫峰（2009）就地方政府竞争方面的问题展开深入研究，并且借鉴了国外相关研究的经验和成果，对地方政府竞争引发的经济效应问题分析得较为全面，指出其所产生的正面影响主要是促进经济增长；不过，同时也存在负面影响，具体表现在地方保护主义、经济冲动、公共产品供给扭曲等方面。周业安（2003）的相关研究中，重点分析当前市场经济环境下经济领域分权问题的出现对于不同层级政府之间关系的影响问题，认为当前在经济资源之间的竞争过程中，传统行政框架体系所带来的阻碍因素已经凸显无疑，地方政府之间的竞争实际上并不能为资源的优化配置提供足够的支持。这种情况的改变必须以相应的分权制度和经济资源的优化配置为基础。杨元泽（2010）在研究中系统分析了地方政府竞争的相关问题，对改革开放以来的经济效率进行解读。通过对政府支出效率、投入产出弹性、全要素生产率等多维度的度量和测算，发现伴随着中国经济增长，经济的效率在逐步提升。实证研究结果显示，政府支出效率与政府支出结构相关，行政管理费的过高支出不利于政府支出效率的提升；外商直接投资竞争并没有提高资本—产出弹性系数；同样，制度和基础设施竞争本身并不会为全要素生产力的提升提供足够的支持。从整体上来说，地方政府竞争对经济效率的提升贡献要弱于市场化、金融发展等因素。安虎森等（2007）提出进一步明确相邻城市之间的分工水平，从而为不同城市之间更好地规避不合理竞争而带来的重复建设和资源消耗提供必要的支持。在实际的应用过程中，这种方式对于规避恶性竞争是有着重要的积极作用的，有利于不同的城市根据原有的市场规模获得稳定的收益，为彼此之间利益关系的处理奠定良好的制度基础。赵曦等（2013）认为相邻城市之间的资源竞争必然成为未来的竞争焦点，这种情况下，只有不断地细化城市分工才能够有效的优化资源的配置，为经济的共同增长提供坚实的基础。任志成等（2015）分别选择了经济激励因素和政治激励因素中的财权分权和晋升锦标赛为特征的地方政府竞争，以省级面板数据验证了这两个制度因素是直接促进我国省级出口增长的因素。杨孟禹（2018）基于1995～2013年城市统计年鉴数据，并结合夜间卫星灯光的匹配数据，对中国城市规模两极分化原因进行研究。研究结果表明存在"大规模城市扩张速度快、小规模城市扩张速度慢"的两极分化现象。这一现象出现的深层次原因是基于城市经济增长竞争对城市规模粗放型发展的激励差异所致。杨孟禹提出城市规模协调战略的协调作用小于经济竞争的极化作用；经济增长竞争对城市规模有比较显著的引致效应，这就是深层次原因的具体表现，城市经济竞争对大城市的扩张激励要远高于对小城市的扩张激励。并提出在新时代必须将城市规模无序竞争转向中央顶层协调，采取将城市经济粗放式增长转向集约式增长、将对单一层次规模城市进行约束的战略转向对不同层次规模城市进行协调的战略，以缓解城市规模两极分化，促进区域协调发展（杨孟禹，2018）。陆铭（2017）基于新经济地理学的"中心—外围"理论，对中国城市群的辐射范围进行了实证检验，研究发现城市群的辐射范围的确是集聚力和离散力相互作用的结果，并提出要充分地认识到区域性的核心大城市对周边中小城市发展的带动力，不能将大城市的发展与中小城市的发展对立起来，从而以限制大城市的发展来换取中小城市发展。相反，如果核心大城市发展得更好，则对周边中小城市的发展才更为有益。

在关于城市合作对城市发展影响研究中，沈建法（2009）通过对香港与深圳两地机场的研究，认为两城市间的竞争主要还是相对竞争，绝对竞争并不显著，两城市间有较大合作空间，认可城市间可以通过合作来提高彼此的竞争力。亚当·勃兰登堡和巴里·奈尔巴夫（Adam Brandanburger and Barry Nalebuff，2005）提出了"竞合"

理论。在他们的研究成果中，系统论述了不同地区政府之间的竞争问题，并创造性地将博弈论的相关理论引入了这一问题的解决之中。他们认为，相邻的地方政府之间不仅有一定的竞争关系，同时也存在合作的关系，因为任何一个地区的经济发展和人文建设都必然对其他地区的经济发展等相关要素产生客观的影响，但是不同地区的发展目标和利益侧重点有一定的差异，所以完全可以形成一种"既竞争又合作"的特殊关系。罗伯特·阿格拉诺夫（Robert Agranoff，2004）在相关研究中指出，政策制定管理和财政管制等途径是不同地区地方政府之间进行合作的主要方式方法。

国内具有代表性的研究主要有：线实（2014）以产业中"竞合"的基本概念为出发点和落脚点，系统地分析了城市层面的竞合问题。在他的研究中，将全球化概念引入了单个城市竞争力的强化中来，在构建了一个完整的理论框架的同时，也同样提出了城市竞争优势理论，认为不同城市之间的竞争和合作的存在，是彼此之间进行有效交流的基础，同时城市之间竞合的存在也是提升城市整体竞争力的有效手段之一。线实（2014）提出城市间的竞合关系与企业竞合关系存在明显不同，城市间竞合实现目标应该表现为城市可持续发展以及城市居民不断提高的生活质量与发展水平。城市竞争力的主体分别是政府、企业和居民，其中政府具体涵盖中央与地方等各级政府，这类主体是城市的管理者及相关制度的制定者，是城市竞争力建设最为关键的主体；企业是城市财富创造者，企业是城市发展的重要资源，城市的吸引力可以通过企业的数量、规模来进行表征，是城市竞争力的重要指标之一；居民主要通过劳动力数量以及劳动力素质等表现城市竞争力及活力状况，居民整体可以有效参与城市建设，居民生活质量及水平也是影响城市竞争力状况的指标。线实（2014）分析的三类主体与沈（Shen，2007）的研究中关于城市经济学的主体较为一致，政府、企业和居民三类主体是彰显城市竞争力的主体，也是城市各方面发展的主体。

饶常林（2014）提出合作分为利他基础合作和利己基础合作，这两种合作方式是合作秩序形成机理的有效形式。就利己基础的合作而言，这是博弈的结果，城市地方政府进行合作是建立在利己基础上的，这是城市地方政府合作的重要动因。城市地方政府在合作中表现的利益格局表现为：城市地方政府共同的利益与各城市地方政府追求各自发展利益最大化这两个方面。从理论上看，城市地方政府的合作是在共同利益下的各城市发展利益最大化的最优策略下形成的。而在实际操作中，城市群或区域整体利益与各城市利益之间仍然存在差异，区域整体利益有利于各城市利益的实现，但各城市利益最大化并不一定能够带来区域整体利益的提升，这一矛盾会产生合作的困难，从而在我国各城市地方政府合作中出现城市群或区域整体利益与各城市利益之间的博弈局面（饶常林，2014）。王春萌（2016）提出城市之间合作需要建立在产业分工与专业化这一重要经济基础上，区域内部城市间产业分工协作与专业化发展将会有利于资源的有效配置与效益最大化目标的实现。胡艳（2018）与王春萌的观点具有一致性，并且认为区域性合作组织会扩大城市间相互交往范围，区域性合作组织内部各城市之间可以充分利用区域合作框架实现区域共赢局面的形成，从而促进区域性合作组织内部资源的高效配置和要素自由流动。通过选取长江三角洲城市群扩容后的 26 个城市作为研究样本城市，通过空间计量经济学模型，对城市群内部城市间竞争关系、城市间合作关系对城市及其他城市经济发展产生的影响进行回归分析，得出长江三角洲城市群内部城市间竞争关系对自身城市经济发展会产生促进作用，但对城市群内其他城市经济发展产生的空间溢出效应显著为负，这一结果将会抑制城市群内其他城市的发展；城市群内合作关系对自身城市经济发展也将产生促进作用，这一结论与城市竞争关系保持一致，但对城市群内其他城市经济发展产生的空间溢出效应显著为正，这一结果将会促进城市群内其他城市的发展。根据计量结果，胡艳提出基于城市间竞争关系对自身城市发展有促进作用而不利于其他城市发展，城市间合作关系对自身城市发展有促进作用也对其他城市发展有利的结果下，在官员政治晋升"锦标赛"下，以经济绩效等指标来考核城市地方政府时，城市地方政府将趋向于选择发展城市群内部城市间竞争关系，从而有利于自身城市发展而不利于其他城市发展（胡艳，2018）。

徐康宁（2005）提出城市群实际上是多城市化这一论断。他认为我国当前长三角地区经济发展的过程中，城市群的作用不容忽视。城市群的形成和发展实际上就是不同城市之间竞合关系的集中体现，而市场一体化是解决长三角城市群中各个城市之间不合理竞争问题的有效途径。马远军（2008）提出城市群演化是一个竞争与共生相互作用的过程，竞争是指在城市群内部的各个城市为了提升本地经济而就相关资源而进行的争夺行为，而共生是指群体发展中的统一规划和相互依存、相互支持的关系。从某种意义上来说，只有空间和时间上的高度近似性，才能够构成稳定的城市共生关系，彼此之间形成了相互弥补、相互完善的新格局。王作成（2005）提出中原城市群的形成需要中原城市群内九个城市开展大跨度的合作，这就需要开展以泛区域的利益为导向，通过超政府组织管理等多种形式的集中来强化彼此之间的互助效果。

1.2.4 研究评述

从已有的国内外相关研究，可以发现城际关系的研究从城市间经济联系、城市群内部功能分工等视角取得了大量研究成果，但是对于城际关系的判定准则问题的研究成果较少，研究视角较为局限。本书将以城市发展质量为突破口，以"创新、协调、绿色、开放、共享"五大发展理念构建城市发展质量评价指标体系，在得到城市发展质量综合指数值的基础上，运用 SUR 方法测度出城市群内城际关系。

影响城市发展的因素较多，城市发展过程中，除了资本、技术、要素等因素对城市发展会产生影响外，城市发展还会受到周边城市发展的影响，特别是处于同一城市群范围内，单个城市发展会受到群内其他城市发展的影响。当然，单个城市的发展也可能会受到所处城市群外部其他城市发展的影响，但在同一城市群范围内，单个城市受到城市群内部的影响更加显著。对这一问题的研究大多是定性研究，相关定量研究较为缺乏。因此，本书将城际关系对城市发展影响的研究界定在城市群内，而与所处城市群范围外的城市发展影响并不在本书的研究范围内。在对城际关系对群内城市发展影响的具体研究过程中，将表征城际间竞争和合作的变量分别纳入到城市发展的回归模型中，验证城际竞争、合作关系是否对城市发展产生影响。

城际关系的产生，以及城际关系对城市发展的影响都需要路径或渠道，而相关研究成果较少，因此，对城市群内城际关系及其对城市发展影响这一主题的研究需要构建一个理论分析框架，本书构建了"关系—路径—影响"的分析框架对这一主题展开相关理论及实证研究。

1.3 研究思路、研究内容与方法

1.3.1 研究思路

本书主要是按照"梳理文献—问题提出—构建理论分析框架—

实证分析"的研究思路对城市群内城际关系及其对城市发展影响这一主题展开如下研究：

（1）相关文献回顾与梳理。通过对城市群形成与发展、城市群内城际关系和城际关系对城市发展影响的相关研究文献进行梳理和分析，梳理相关研究内容所涉及的基本理论、基本观点和研究方法，为本书涉及的相关研究内容做好文献搜集与准备工作，在此基础上，确立本书研究内容的相关理论基础。

（2）在现有的相关研究成果及相关理论的基础上，运用区域经济学、产业经济学、公共管理学等学科和基本原理建立本书的理论分析框架。提出按照"关系—路径—影响"的理论分析框架对城市群城际关系及其对群内城市发展影响这一主题开展研究。理论分析框架中，具体包含城际关系的界定与关系判定、城际关系及其对城市发展的影响路径和城际关系对城市发展的影响三个方面内容，并具体明确要运用哪些计量经济学研究方法来测度或验证这三方面的内容。

（3）对世界级发展较为成熟的城市群，即北美五大湖区城市群、美国东北部大西洋沿岸城市群、日本太平洋沿岸城市群、英国伦敦—利物浦城市群、欧洲西北部城市群和长江三角洲城市群近些年来的发展实践进行总结，总结世界六大城市群发展实践经验及我国城市群发展过程中产生的问题，在此基础上，提炼出城市群内城际关系是城市群有序发展的重要影响因素的结论。

（4）在前面相关研究的基础上，以武汉城市圈为实证研究区域，按照建立的"关系—路径—影响"的理论分析框架对武汉城市圈城际关系及其对城市发展影响进行实证研究，研究内容分别是对武汉城市圈城际关系的测度、城际关系及其对城市发展的影响路径分析和验证城市群内城际间竞争或合作关系对城市发展会产生的影响三个部分。

本书拟采用的技术路线图如图 1 – 1 所示。

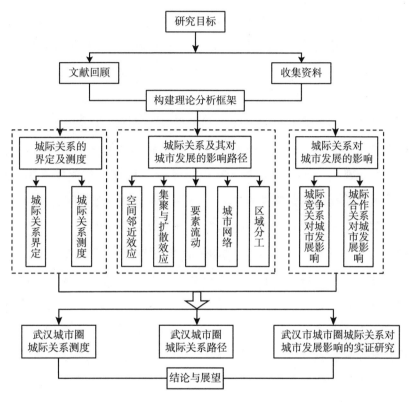

图 1 – 1　本书技术路线

1.3.2　研究内容

本书的研究内容主要包括以下几方面：

第一，构建城市群内城际关系及其对城市发展影响研究的理论框架。在国内外已有的相关城际关系研究的基础上，对城际关系概念、城际关系的测度方法和城际关系及其对城市发展影响的路径三个方面提出本书的理论分析框架。

第二，对国内外较为成熟的城市群发展实践进行总结与分析，主要是对北美五大湖区城市群、美国东北部大西洋沿岸城市群、日本太平洋沿岸城市群、英国伦敦—利物浦城市群、欧洲西北部城市群和长江三角洲城市群这六大世界级城市群的发展实践进行总结，得出城市群发展过程中城际关系是对城市发展影响的重要因素的实践经验。

第三，对武汉城市圈城际关系进行测度研究。首先就所研究的武汉城市圈自然、社会经济概况进行基本描述。基于党的十八届五中全会提出的"创新、协调、绿色、开放、共享"五大发展理念，构建城市发展质量评价指标体系，分别从城市发展创新性、城市发展协调性、城市绿色发展、城市发展开放性以及城市发展共享性五个维度构建评价指标体系，对相关评价指标进行必要的阐释与说明。综合考虑主成分的权重是根据数据自身特征进行确定，具有客观性强的特征，所产生的权重信息能够充分反映城市发展各维度基础指标的贡献大小，因此选用主成分分析法对城市群城市发展质量进行测度。在此基础上，通过 Dendrinos – Sonis 模型，采用 SUR 方法对城市群内城际关系进行判定，得出武汉城市圈城际关系结果，并分别就城市发展创新性、城市发展协调性、城市绿色发展、城市发展开放性以及城市发展共享性五个维度下的城际关系进行测度。

第四，对武汉城市圈城际关系及其对城市发展影响的路径进行研究。分别从武汉城市圈经济空间格局演变、武汉城市圈经济联系的社会网络分析和武汉城市圈内各城市产业分工变化三个方面探讨有关武汉城市圈城际关系及其对城市发展的影响路径。

第五，就城际关系对城市发展产生影响进行验证研究。将表征城市间竞争与合作的变量引入到城市发展影响因素的回归方程中，通过面板数据估计方法来分别验证城市群内城际间竞争关系、城市群内城际间合作关系是否会对城市发展产生影响，并在以上研究的基础上，提出提高武汉城市圈内城际合作发展、提升城市群整体向前发展的政策建议。

1.3.3 研究方法

在研究方法上，本书除了采用常规的文献研究、比较分析、归纳总结等常规定性研究方法外，还采用了较丰富的计量分析方法。

学科交叉的方法。城际关系涉及多学科的综合运用，具体来讲，本书主要涉及区域经济学、产业经济学、公共管理学、地理学等相关学科相互交叉的研究方法，通过多学科方法的运用，可以更加有效促进本书相关内容的研究。

比较分析的方法。比较分析包括纵向即时间序列与横向即区域参照两种情况。本书在研究过程中，运用 2003～2014 年共 12 年的纵向时间序列进行比较分析，在横向比较中，借鉴国内外发展较好及成熟的城市群发展经验及启示，在研究城市发展质量、城市间分工、城际关系等问题时，对研究区的各城市进行横向比较。

动态与静态分析相结合。本书在研究过程中，所涉及的几个核心问题如城市群内城市间联系、城市间分工、城市间相互关系等，本身就具有时空变化的特征，因此，在理论分析以及实证研究中，将城市群内城市间关系、城市间产业分工等问题都纳入动态的考察过程。

计量分析方法。本书在具体研究过程中，运用了较多的计量分析方法，如探索性空间数据分析方法（ESDA）、社会网络分析方法、主成分分析、似不相关回归（SUR）、面板回归分析等。运用的定量方法原理将在第 2 章理论分析框架中详细描述。

1.4 创 新 点

本书的创新点主要体现在以下几个方面。

第一,研究视角的创新。对城市群城际关系及其对城市发展影响这一主题的研究,遵循"关系—路径—影响"的理论分析框架。在对城际关系进行测度时,以城市发展质量为突破口,按照党的十八届五中全会提出的"创新、协调、绿色、开放、共享"五大发展理念来构建城市发展质量评价指标体系,测度出城市群内各城市综合发展质量值,再通过 SUR 方法测度出城市群内城际间存在的竞争、合作或无关的关系。

第二,研究内容的创新。本研究的主要内容是对城市群内城际间存在的竞争关系、合作关系或无关关系进行定量测定,验证城际间竞争、合作关系对城市发展质量会产生影响,并对城市群内城际关系及其对城市发展产生影响的路径进行分析研究。相关研究内容涵盖了"城市发展质量测度—城际关系判定—城际关系对城市发展影响"这一主线。

第 2 章

理论分析框架

　　城市发展受到的影响因素较多，基于新古典或新经济增长理论的研究往往将城市作为一个孤立的个体，仅考虑劳动、资本、技术、信息、知识等投入要素对城市发展的影响，忽视了城市与城市之间的相互关系和空间溢出效应，这种忽视往往与现实情况不符。本部分内容主要是从城际关系的定义与测度、城际关系及其对城市发展产生影响的路径和城际关系对城市发展产生的影响三个方面进行理论分析体系的构建，从而构建本书的"关系—路径—影响"的理论分析框架。

2.1　城际关系的界定及测度

2.1.1　城际关系界定

（1）城际关系特征。

城市群就其本身而言，其核心是城市群内部各城市相互间更加紧密的联系。城市群内部各城市间相比城市群外的城市具有要素流动更为自由、资源配置更加高效、产业关联和基础设施建设对接更加紧密的特征，城市群的规模效应、集聚和协同效应能够得到较大发挥（廖海燕，2013）。

与城市群外的城市相比较，城市群内部城市间联系更加紧密，就会产生城市彼此之间竞争或城市彼此之间合作的关系，甚至是两城市间在定量测度上表现的关联程度较小甚至是不相关的关系。本书在借鉴已有研究的基础上，将城市群内城际关系界定为以下特征：

①由于空间地理位置的邻近、交通更加便捷，促使城市间在形成之初便可以产生一定的联系。同时空间地理位置的邻近会促进相邻城市间人员的频繁往来，从而产生经济联系更加紧密、风俗习惯更加趋同，地缘文化认同度高等现象，在此基础上，随着城市群内城际铁路、城际高速公路的贯通，交通通达性的提高，则城市之间的经济社会文化等要素的相互渗透现象便会日益深化（胡继妹，2004）。

②城市间产生的关系表现形式从竞争和合作的角度来看，城市间主要存在着竞争强于合作，或是合作强于竞争，抑或两者间关系并不十分显著。因此，为研究需要，本书对城市群内城市间关系的最终判定仅限于城市群内两两城市之间会形成竞争关系，抑或合作关系，抑或两城市不产生关系即无关关系这三种关系中的一种，但无关关系的判定并不表示两城市之间彼此并没有相互作用，建立此判定准则主要是便于分析与说明城市群内两城市之间的竞争关系、合作关系、无关关系哪种关系更加明显（胡继妹，2004）。

③城市关系就其本身而言，如果通过静态来进行判别可能与事实情况有所违背，不能反映出在一定时期内的真实关系状况。在现

实情况中，往往出现一段时期内两城市间为争夺外商投资或某些大项目的落地而成为竞争关系，但在此之前两城市间是保持长期的合作关系。因此，应从动态的角度对城市关系进行判别，在交通基础设施、国家政策、文化要素等多种原因下，城市功能会产生一定的变化（胡继妹，2004）。

城市群内部各城市间发展过程中，每个城市在自身发展质量提高时，可能会对城市群内其他城市发展质量带来影响，因此，本书在判定城市群内城际关系时，先由城市群内各城市的发展质量为依托，在此基础上，根据 D – S 模型建立关系的判定准则，再采用 SUR 方法对城市群内各城市间关系进行判定。

（2）城市发展质量的内涵及理论分析框架。

进入新世纪后，在城市化的发展以及新型城镇化建设背景下，我国城市规模不断扩大，城市数量也有所增加，但总体来看，城市规模及数量的增加并不能体现出城市发展质量的提高，而城市发展质量能够有效判定城市发展状况。目前，对于城市发展质量的研究，学术界还未形成完整的理论体系（陈强，2014）。

党的十八届五中全会首次提出"创新、协调、绿色、开放、共享"的发展理念，习近平总书记在中共中央关于制定"十三五"规划建议时强调"创新、协调、绿色、开放、共享"五大发展理念是"十三五"时期乃至更长时期我国发展思路、方向以及发展着力点的集中体现。对城市群这一较为特殊的研究区域而言，城市群内部城市的发展质量内涵较为丰富，属性也更是多方面的。城市本身就承载着区域经济社会发展的重任，城市在发展过程中是各种创新要素和资源的集聚地，创新的重要载体是城市，城市发展的动力主要来源于城市创新。我国已将自主创新摆在极其重要的位置，建设创新型国家已成为我国发展的核心战略之一（吕阿昌，2015）。创新发展对城市发展而言是巨大的动力，因此，城市发展质量评价中应首先纳入城市发展的创新性。由于城乡二元结构发展不协调，产生了产业结构发展不合理、劳动力结构不协调等问题，而这些不协调都会对城市发展质量产生影响。协调是持续健康发展的内在要求，城市发展协调性主要从城市经济社会持续发展能力的角度进行考虑，因此，可以将城市发展的协调性纳入到城市发展质量评价中。我国城市不断发展，与世界其他城市发展历程一样，对生态环境的影响越来越严重，并逐步成为我国城市未来发展中制约城市发展质量的决定性要素之一（欧阳志云，2009）。我国已将生态文明建设纳入到"五位一体"建设中，城市作为生态文明建设的主阵地，加强城市绿色发展，就是运用绿色、可持续的城市经济增长方式代替原有的高污染、高排放的经济增长方式，以生态文明建设为主要目标和落脚点，通过绿色发展来实现城市经济、社会、文化等各方面的同步发展，真正落实好资源集约、环境友好和生态保护。城市绿色发展就是要将低碳发展、可持续发展、生态发展等作为城市经济增长、社会建设和环境保护的核心优势，将城市绿色发展作为生态文明建设的持久动力（陆小成，2015；路军，2010）。绿色是永续发展的必要条件。城市绿色发展有利于实现城市经济与环境协调发展，同时对提高城市发展质量具有重要的推动作用，因此，必须将城市绿色发展纳入到城市发展质量评价中。城市本身就是一个开放系统，与外界进行着各种形式的联系与交换，纵观国内外各大城市的发展历程，对外开放对于城市的发展起着极其重要的推动作用。因此，需要将城市开放性纳入到城市发展质量评价中。城市的发展的目标是全民共享城市发展带来的各项进步与便利，城市公共基础设施、收入福利水平的提高都是城市发展带来的结果，因此，也要将城市发展的共享性纳入到城市发展质量评价中，城市发展质量维度如图 2 – 1 所示。

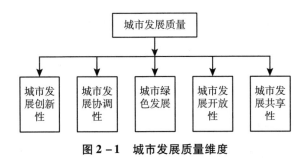

图 2 – 1　城市发展质量维度

城市发展质量评价维度理论分析框架如下：

本书参考周江燕（2014）的做法，构建城市发展质量评价维度理论分析框架。由于城市发展质量的评价维度主要包括城市发展创新性、城市发展协调性、城市绿色发展、城市发展开放性和城市发展共享性五个方面，因此城市发展质量水平函数可表示为：

$$Q = Q(Innov，Coord，Green，Open，Share) \qquad (2.1)$$

其中，Q 表示城市发展质量水平，$Innov$ 表示城市发展创新性，$Coord$ 表示城市发展协调性，$Green$ 表示城市绿色发展，$Open$ 表示城市发展开放性，$Share$ 表示城市共享发展。

首先，假定式（2.1）满足以下性质：对所有 $Innov$、$Coord$、$Green$、$Open$ 和 $Share > 0$，并且每一个维度水平的改善都会带来 $Q(g)$ 正向的提高，但这种正向的作用在边际上是呈现递减的：

$$\frac{\partial Q}{\partial Innov} > 0，\quad \frac{\partial^2 Q}{\partial Innov^2} < 0$$

$$\frac{\partial Q}{\partial Coord} > 0，\quad \frac{\partial^2 Q}{\partial Coord^2} < 0$$

$$\frac{\partial Q}{\partial Green} > 0，\quad \frac{\partial^2 Q}{\partial Green^2} < 0$$

$$\frac{\partial Q}{\partial Open} > 0, \quad \frac{\partial^2 Q}{\partial Open^2} < 0$$

$$\frac{\partial Q}{\partial Share} > 0, \quad \frac{\partial^2 Q}{\partial Share^2} < 0 \tag{2.2}$$

其次，假设函数（2.1）的形式为柯布－道格拉斯型，则对（2.1）式全微分可得：

$$dQ = \frac{\partial Q}{\partial Innov} \cdot dInnov + \frac{\partial Q}{\partial Coord} \cdot dCoord + \frac{\partial Q}{\partial Green} \cdot dGreen$$

$$+ \frac{\partial Q}{\partial Open} \cdot dOpen + \frac{\partial Q}{\partial Share} \cdot dShare$$

对上式左右两边同时乘以 $\frac{1}{Q}$，则可得：

$$\frac{dQ}{Q} = \frac{\partial Q}{\partial Innov} \cdot \frac{dInnov}{Innov} \cdot \frac{Innov}{Q} + \frac{\partial Q}{\partial Coord} \cdot \frac{dCoord}{Coord} \cdot \frac{Coord}{Q}$$

$$+ \frac{\partial Q}{\partial Green} \cdot \frac{dGreen}{Green} \cdot \frac{Green}{Q} + \frac{\partial Q}{\partial Open} \cdot \frac{dOpen}{Open} \cdot \frac{Open}{Q}$$

$$+ \frac{\partial Q}{\partial Share} \cdot \frac{dShare}{Share} \cdot \frac{Share}{Q} \tag{2.3}$$

令 $f = \frac{dQ}{Q}$，$f_1 = \frac{dInnov}{Innov}$，$f_2 = \frac{dCoord}{Coord}$，$f_3 = \frac{dGreen}{Green}$，$f_4 = \frac{dOpen}{Open}$，

$f_5 = \frac{dShare}{Share}$，分别表示城市发展创新性的增长率、城市发展协调性的增长率、城市绿色发展的增长率、城市发展开放性的增长率和城市发展分享性的增长率。

令 $\theta_1 = \frac{\partial Q}{\partial Innov} \cdot \frac{Innov}{Q}$，$\theta_2 = \frac{\partial Q}{\partial Coord} \cdot \frac{Coord}{Q}$，$\theta_3 = \frac{\partial Q}{\partial Green} \cdot \frac{Green}{Q}$，

$$\theta_4 = \frac{\partial Q}{\partial Open} \cdot \frac{Open}{Q}, \quad \theta_5 = \frac{\partial Q}{\partial Share} \cdot \frac{Share}{Q} \tag{2.4}$$

分别代表城市发展创新性、城市发展协调性、城市绿色发展、城市发展开放性和城市发展分享性的产出弹性。

因此，式（2.3）可以表示为：

$$f = \theta_1 gf_1 + \theta_2 gf_2 + \theta_3 gf_3 + \theta_4 gf_4 + \theta_5 gf_5 \qquad (2.5)$$

由此可得，城市发展质量的提高来自城市发展创新性、城市发展协调性、城市绿色发展、城市发展开放性和城市发展共享性五个维度的改善，这既需要五个维度变化率的正向提高，又需要五个维度的产出弹性。假定在一定时期内每个维度的产出弹性不变，则可以得出如下推论：当城市发展创新性提高时，城市发展质量会得到提高；当城市发展协调性提高时，城市发展质量会得到提高；当城市绿色发展得到提高时，城市发展质量会得到提高；当城市发展开放性提高时，城市发展质量会得到提高；当城市发展共享性提高时，城市发展质量会得到提高，即五个维度中任何一个维度提高，城市发展质量都会得到提高（周江燕，2014）。

2.1.2　城际关系测度

（1）城际关系的判定准则及测度模型。

本书对城际关系的测度在方法的选取上主要是采用多层次空间互动模型。该模型是在1988年由丹德里诺斯和索尼斯两位学者建立，模型建立之初在人口动态变化规律方面运用较为广泛，之后逐步拓展至诸如经济等其他方面的运用。本书主要是通过在拓展多层次空间互动模型中非均质空间结构的内涵基础上，结合城市群内部城市间的差距测度，将空间互动关系与城市群内部城市与城市发展差距测度有机结合，从而反映出城市群内各城市间关系（周密，2012）。

令 $y_i(t)$ 表示城市 i 在时间 t 时的城市发展质量测度值在整个城市群中所占的比重。对于一个包含 n 个城市的城市群，其城市发展质量比重的分布可用向量 $Y(t)$ 表示：

$$Y(t) = [y_1(t), \cdots, y_i(t), \cdots, y_n(t)];$$
$$i = 1, 2, \cdots, n; \ t = 1, 2, \cdots, T \quad (2.6)$$

由式（2.6）可以得知，这是一个描述分布的离散动态模型。动态特征可用下式来表示：

$$y_i(t+1) = \{F_i[y(t)] / \sum_{j=1}^{n} F_j[y(t)]\};$$
$$i, j = 1, 2, \cdots, n; \ t = 1, 2, \cdots, T \quad (2.7)$$

式中，$0 < y_i(t) < 1$，$F_i[y(t)] > 0$，$\sum_{i=1}^{n} y_i(t) = 1$，$F(\cdot)$ 可以是任何恒为正的函数形式。因研究需要，在此需要定义一个标准城市，如城市 1，则其他城市的观测值总能用以下标准表达：

$$G_j[y(0)] = F_j[y(0)] / F_1[y(0)]; \ j = 2, 3, \cdots, n \quad (2.8)$$

标准化后，式（2.8）可以用方程组表示：

$$\begin{cases} y_1(t+1) = 1 / [1 + \sum_{j=2}^{n} G_j[y(t)]]; \ j = 2, 3, \cdots, n \\ y_j(t+1) = y_1(t+1) G_j[y(t)] \end{cases} \quad (2.9)$$

由于 $F_i(\cdot)$ 可以是任意恒为正的函数，对于 $G_j[y(0)]$，本书采用 Dendrinos 和 Sonis 推荐的联乘形式：

$$G_j[y(0)] = A_j \prod_k y_{kt}^{ajk}; \ j = 2, 3, \cdots, n; \ k = 1, 2, \cdots, n$$
$$\quad (2.10)$$

其中，系数 $a_{jk} = \partial G_j[y(0)] / \partial \ln y_{kt}$ 为弹性系数，能够表示城市群内各城市间竞争与合作两种基本关系。

因此，本书对城际关系的判定准则如下：当 a_{jk} 为正数时，城市 j 和 k 之间是合作关系，城市 k 发展质量所占比重增长 1% 会导致城市 j 增加 a_{jk} 个百分点；相反，如果 a_{jk} 为负值时，则城市群内两个城市为竞争关系，城市 k 城市发展质量所占比重增长 1% 会导致城市 j 减少 a_{jk} 个百分点（周密，2012）。

方程采用的是似不相关回归模型（SUR）估计。似不相关回归模型的设定如下（陈强，2013）：假设共有 n 个方程（n 个被解释变量），每个方程共有 T 个观测值，$T > n$。在第 i 个方程中，共有 K_i 个解释变量。则第 i 个方程可以写为：

$$\underset{T \times 1}{y_i} = \underset{T \times k_i}{X_i} \ \underset{k_i \times 1}{\beta_i} + \underset{T \times 1}{\varepsilon_i} \ (i = 1,\ 2,\ \cdots,\ n) \tag{2.11}$$

将所有的方程叠放在一起可得：

$$y \equiv \underset{nT \times 1}{\begin{Bmatrix} y_1 \\ y_2 \\ \vdots \\ y_n \end{Bmatrix}} = \underset{nT \times \sum\limits_{i=1}^{n} k_i}{\begin{bmatrix} X_1 & 0 & \cdots & 0 \\ 0 & X_2 & \cdots & 0 \\ \vdots & \vdots & \vdots & \vdots \\ 0 & 0 & \cdots & X_n \end{bmatrix}} \underset{\sum\limits_{i=1}^{n} k_i \times 1}{\begin{bmatrix} \beta_1 \\ \beta_2 \\ \vdots \\ \beta_n \end{bmatrix}} + \underset{nT \times 1}{\begin{bmatrix} \varepsilon_1 \\ \varepsilon_2 \\ \vdots \\ \varepsilon_n \end{bmatrix}} \equiv X\beta + \varepsilon \tag{2.12}$$

考察大扰动项 ε 之协方差矩阵

$$\Omega \equiv Var \begin{bmatrix} \varepsilon_1 \\ \varepsilon_2 \\ \vdots \\ \varepsilon_n \end{bmatrix} = E \begin{bmatrix} \varepsilon_1 \\ \varepsilon_2 \\ \vdots \\ \varepsilon_n \end{bmatrix} (\varepsilon_1' \ \varepsilon_2' \cdots \varepsilon_n') = E \begin{bmatrix} \varepsilon_1 \varepsilon_1' & \varepsilon_1 \varepsilon_2' & \cdots & \varepsilon_1 \varepsilon_n' \\ \varepsilon_2 \varepsilon_1' & \varepsilon_2 \varepsilon_2' & \cdots & \varepsilon_2 \varepsilon_n' \\ \vdots & \vdots & \vdots & \vdots \\ \varepsilon_n \varepsilon_1' & \varepsilon_n \varepsilon_2' & \cdots & \varepsilon_n \varepsilon_n' \end{bmatrix}_{nT \times nT}$$

$$\tag{2.13}$$

假设同一方程不同期的扰动项不存在自相关，且方差也相同，记第 i 个方程的方差为 σ_{ii}。则协方差阵 Ω 中主对角线上的第 $(i,\ i)$ 个矩阵为：

$$E(\varepsilon_i \varepsilon_i') = \sigma_{ii} I_T \tag{2.14}$$

假设不同方程的扰动项之间存在同期相关，即：

$$E(\varepsilon_{it} \varepsilon_{js}) = \begin{cases} \sigma_{ij},\ t = s \\ 0,\ t \neq s \end{cases} \tag{2.15}$$

则协方差矩阵 Ω 中的第 $(i,\ j)$ 个矩阵（$i \neq j$）为

$$E(\varepsilon_i \varepsilon_j') = \sigma_{ii} I_T \tag{2.16}$$

综合以上结果可知：

$$\Omega = \begin{bmatrix} \sigma_{11} I_T & \sigma_{12} I_T & \cdots & \sigma_{1n} I_T \\ \sigma_{21} I_T & \sigma_{22} I_T & \cdots & \sigma_{2n} I_T \\ \vdots & \vdots & \vdots & \vdots \\ \sigma_{n1} I_T & \sigma_{n2} I_T & \cdots & \sigma_{nn} I_T \end{bmatrix} \tag{2.17}$$

由于 Ω 中的每个小块矩阵都有共同的因子 I_T，可以通过矩阵的"克罗内克尔乘积"来实现。使用克罗内克尔乘积，可以将扰动项 ε 的协方差矩阵简化为：

$$\Omega = \begin{bmatrix} \sigma_{11} & \sigma_{12} & \cdots & \sigma_{1n} \\ \sigma_{21} & \sigma_{22} & \cdots & \sigma_{2n} \\ \vdots & \vdots & \vdots & \vdots \\ \sigma_{n1} & \sigma_{n2} & \cdots & \sigma_{nn} \end{bmatrix} \otimes I_T \equiv \sum \otimes I_T \tag{2.18}$$

其中，$\sum \equiv \begin{bmatrix} \sigma_{11} & \sigma_{12} & \cdots & \sigma_{1n} \\ \sigma_{21} & \sigma_{22} & \cdots & \sigma_{2n} \\ \vdots & \vdots & \vdots & \vdots \\ \sigma_{n1} & \sigma_{n2} & \cdots & \sigma_{nn} \end{bmatrix}$ 为同期协方差矩阵。根据克罗内克尔乘积的性质，Ω 的逆矩阵可写为

$$\Omega^{-1} = \sum{}^{-1} \otimes I_T \Omega^{-1} = \sum{}^{-1} \otimes I_T \tag{2.19}$$

SUR 的假设检验：在对多方程系统进行 SUR 估计后，对线性假设 "$H_0: R\beta = r$" 的检验可以照常进行。由于 β 包含了所有方程的参数，故可以检验跨方程的参数约束。如果接受 "$H_0: R\beta = r$"，则可把 $R\beta = r$ 作为约束条件，进行有约束的 FGLS 估计。SUR 模型的基本假设是，各方程的扰动项之间存在同期相关。为此，需要检验原假设 "H_0：各方程的扰动项无同期相关"，即 "$H_0: \sum$ 为对

角矩阵"。布鲁施和帕甘（Breusch and Pagan，1980）建议使用以下 LM 统计量：

$$\lambda_{LM} = T \sum_{i=2}^{n} \sum_{j=1}^{i-1} r_{ij}^2 \xrightarrow{d} \chi^2 (n(n-1)/2) \qquad (2.20)$$

其中，$r_{ij} = \dfrac{\sigma_{ij}}{\sqrt{\sigma_{ii}\sigma_{jj}}}$ 为根据残差计算的扰动项 ε_i 与 ε_j 之间的同期相

关系数，而 $\sum\limits_{i=2}^{n} \sum\limits_{j=1}^{i-1} r_{ij}^2$ 为同期相关系数矩阵 $\begin{bmatrix} r_{11} & r_{12} & \cdots & r_{1n} \\ r_{21} & r_{22} & \cdots & r_{2n} \\ \vdots & \vdots & \vdots & \vdots \\ r_{n1} & r_{n2} & \cdots & r_{nn} \end{bmatrix}$ 主对角

线以下各项之平方和。

（2）城市发展质量的测度模型。

对城市发展质量的评价，本书将采用主成分分析模型，原理及分析步骤如下：

记 X 是一个有 n 个样本和 P 个变量的数据表，即：

$$X = (x_{ij}) = \begin{vmatrix} e_1^T \\ \vdots \\ e_n^T \end{vmatrix} = [x_1, x_2, \cdots, x_p] \ \text{式中，样本点} \ e_i = (x_{i1},$$

$x_{i2}, \cdots, x_{ip})^T \in R^p$；变量 $x_j = (x_{1j}, x_{2j}, \cdots, x_{nj})^T \in R^n$，$i = 1, 2, \cdots,$ n，$j = 1, 2, \cdots, p$。则，第 i 个主成分就可以表示为：

$$F_i = a_{1i}X_1 + a_{2i}X_2 + \cdots + a_{pi}X_p \qquad (2.21)$$

满足： $\qquad\qquad a_{1i}^2 + a_{2i}^2 + \cdots + a_{pi}^2 = 1; \qquad (2.22)$

F_i 与 $F_j(i \neq j, \ i, j = 1, 2, \cdots, p)$ 不相关；

$\max\limits_{i}\max\limits_{k} V_i = \max \{ \max V_i(1), \ \max V_i(2), \cdots, \ \max V_i(n) \} \ Var$ $(F_i) = \lambda_i$，式中 λ_i 为矩阵 X 的协方差矩阵 V 的特征根。

主成分的分析步骤如下（叶宗裕，2004）：

步骤一：设综合评价共有 P 项指标，将逆向指标转为正向指标，完成指标同趋势化。

步骤二：在步骤一的基础上，将所有指标数据进行无量纲化处理。

步骤三：在指标数据无量纲化处理后的基础上，计算指标的相关矩阵 V，求 V 的前 m 个特征值记为 $\lambda_1 \geq \lambda_2 \geq \cdots \geq \lambda_m > 0$，相应的正交化特征向量 $a_i = (a_{1i}, a_{2i}, \cdots, a_{pi})$，$i = 1, 2, \cdots, m$。

步骤四：设方差累计贡献率 $Q_m = \sum_{h=1}^{m} var(F_h) / \sum_{j=1}^{p} s_j^2 = \sum_{h=1}^{m} \lambda_h / \sum_{j=1}^{p} s_j^2$，当累计方差贡献率 Q_m 达一定数值时，取 m 个主成分 $F_i = a_{1x}X_1 + a_{2i}X_2 + \cdots + a_{pi}X_p (i = 1, 2, \cdots, q)$，得到综合评价函数 $I = (Q_1F_1 + Q_2F_2 + \cdots + Q_mF_m) / \sum_{i=1}^{m} Q_i$，其中 Q_m 表示主成分 F_1，F_2，$\cdots$，F_m 可以用 Q_m 的精度概括原来的 P 个指标。

2.2　城际关系及其对城市发展影响路径

城际间竞争与合作关系对城市发展会产生影响，城际关系及其对城市发展产生的影响中间需要搭建一个桥梁，即路径。城际关系产生的路径或渠道存在多种，但本书认为城市群内产生关系的路径主要包括空间邻近效应、集聚与扩散效应、要素流动、城市网络和区域分工等。

2.2.1　路径一：空间邻近效应

空间邻近效应主要是指在区域内各种经济活动之间或者各区域之间的空间位置关系对其相互联系所产生的影响（许玲，2006）。

托布勒（Tobler，1970）提出任何事物都相关，但距离更近的事物联系会更加紧密，这被称为地理学第一定律。而米勒（Miller，2004）认为在空间距离较近的区域比空间距离较远的区域更具有相同属性值和相互强度，与此同时，区域的经济影响力和空间辐射力会随着空间距离的增大而逐渐减小，这被称为空间距离衰减原理。在城市群这一区域内，由于城市间彼此的空间距离有所差异，城市相互间产生联系的程度也会存在一定的差异（刘瑜，2014）。

空间邻近效应对城市群内城际关系的影响表现在三个方面：第一，城市群是在核心城市得到充分发展的前提下形成的，进而再通过核心城市带动群内其他城市进行发展，这就是核心城市在城市群内表现较为突出的辐射带动作用，从而带动整个城市群整体实力的提升。城市群内核心城市的辐射带动力是地理空间效应中的局部地理溢出的不同强度表现。局部地理溢出强调影响的本地化，具体体现在核心城市得到充分发展后，核心城市地价抬升，市场较为拥挤，部分企业的成本逐渐提高，企业在此情况下会选择外迁。由于核心城市周边交通区位较为明显，配套设施较为健全，因此绝大部分外迁企业会选择核心城市周边的中小城市进行发展，在此情况下，中小企业会带动核心城市周边的中小城市需求水平，从而带动中小城市经济总量的显著提升。在这一现象或者发生过程中由于外迁企业会优先选择核心城市的周边中小城市，因此随着距离核心城市逐渐较远，受核心城市的影响也随着空间距离在逐渐减弱，这就符合了距离衰减规律（刘迎霞，2010）。第二，各种经济活动的竞争将会受到影响。经济活动所必需的资源和其他生产要素都是有限的，而与此同时，市场的需求也是有限的，因此在同一区域内各城市间在发展经济和充分利用资料和其他生产要素时就会产生较为激烈的竞争，特别是在城市群内邻近城市间这种竞争表现得尤为突出，而地理空间距离相对较远的城市间竞争会相对较小（高燕，2006）。第三，各种经济活动在发展上相互促进。虽然相邻近的城市经济活动由于地理空间距离较近在争夺资源和生产要素时会产生较为激烈的竞争，但同时，相邻近城市间由于地理空间距离较近，也会产生合作关系，主要是发生在产业分工及协作方面。相邻近城市在产业分工及协作时会带来共同的提高，既能提高彼此间的经济效益，也会在共同的交通基础设施建设等其他方面进行合作。但如果城市间经济活动的空间距离较远，彼此间开展分工与合作，进而在发展上获得相互促进作用的机会也会相应减少（刘文秀，2012）。

2.2.2　路径二：集聚与扩散效应

从经济学角度看，集聚可认为是经济活动在地理空间上的集中，是经济活动参与主体为了获得更高的经济收益而向特定区域聚集的过程。产业集聚就是体现了同一类型的产业或是不同类型的相关产业向某一区域的集中，从而获得更高的经济效益。在企业集聚在某一区域时，主要是追逐更高的经济收益，也就是以获得"马歇尔外部性"为目的。产业集聚的过程会对企业的区位选址产生较大影响（张森，2010）。

以国家为研究尺度，空间集聚和扩散是区域经济发展的普遍规律。而集聚与扩散在发展过程中会有先后顺序，一般而言，区域经济发展过程中，集聚会起着优先作用，当集聚发展到一定的程度时，才会产生扩散效应，并且集聚效应会强于扩散效应，在此情况下，城市群内核心城市会带动周边城市发展（孙冬益，2009）。20世纪50年代后，以法国经济学家佩鲁、瑞典经济学缪尔达尔以及美国的弗里德曼和威廉姆斯为代表，对空间集聚—扩散进行了大量的研究。在研究基础上，逐步形成了增长极理论、循环积累因果理论、极化—涓滴效应理论、核心—边缘理论。与此同时，在发展经济学领域，产生了区域经济增长的扩散效应理论（孙冬益，2009）。后期，对扩散效应进行解释又增加了新经济地理学派，其中包括：

增长极理论：区域核心增长极在极化、扩散效应的影响下对区域经济增长起着十分重要的促进作用，吸引经济活动所必需的资源和各种生产要素向增长极区域聚集，而当区域核心增长极的经济发展到一定程度时，就会通过一系列的扩散机制向周围区域进行辐射，这时，区域核心增长极的生产要素和经济活动会向核心增长极周围区域进行迁移扩散，从而带动核心增长极周围区域的经济发展水平的显著提高（张森，2010）。

循环积累因果理论：在区域内核心城市经济发展到一定程度时，区域内部经济发达的核心城市和经济欠发达的城市之间就会形成区域性的二元结构，这种二元结构的产生会严重阻碍区域经济社会的协调发展。区域内经济发达的核心城市在得到充分发展后，由于地价快速抬升，城市内部交通较为拥挤、人口、资源与环境出现不协调情况后，致使区域内的核心城市经济发展所需的资源与其他生产要素向区域内欠发达城市迁移，这时，随着资源和其他生产要素的迁移，劳动力、资本、技术等生产要素会随之迁移到欠发达城市中，从而带动区域内欠发到城市的发展（张森，2010）。

核心—边缘理论旗帜鲜明地提出在区域内部经济增长不平衡现象的产生是普遍存在的，经济发达地区对经济欠发达地区既会存在极化效应，也会产生涓滴效应，极化效应在增长极理论和循环积累理论中都有所阐述，而经济发达地区由于经济的快速发展，将会吸引经济欠发达地区劳动力到经济发达地区进行就业，与此同时，经济发达地区的购买力及投资额也会显著提升，在此基础上，经济发达地区会对经济欠发达地区进行合适项目的投资，从而带动经济欠发达地区经济社会发展，并为欠发达地区带来先进的技术、管理方式及理念，推动欠发达地区的整体实力的提升。新经济地理学认为经济活动的空间集聚扩散效应是规模报酬递增的主要原因。经济活动的空间集聚主要是通过"货币与技术外部性"进行传导，并通过区域间生产要素的流动、产业衔接和知识溢出等共同促进形成的区域经济增长的扩散机制（张森，2010）。

基于以上理论的认识，在后面的实证研究中，将对研究区域的经济发展空间相关性进行研究，并对城市群中心城市对群内其他城市的扩散效应进行实证测度，来考察城市群内部中心城市的经济增长对群内其他城市的辐射作用。

2.2.3　路径三：要素流动

早期的新古典增长理论认为地区间要素流动会随要素价格地区均等化而消失。但实际情况中，要素价格地区均等化后要素的地区间流动也并为消失，并在全球经济和区域经济一体化的背景下，要素流动却呈现出一片欣欣向荣的局面（张辽，2013）。义旭东（2011）认为要素的有序、合理流动是新型的区际关系和调整区域空间结构的直接源动力。因此在优化区域空间结构上需要依靠区域经济发展所必需的劳动力、资本、技术等生产要素在区域内非均衡流动才能得到更好地实现。城市间劳动力、资本、技术等生产要素的流动方向可以从空间外部性的角度来揭示城市群内城市的空间集聚现象。城市群内城市间彼此产生的竞争或合作关系都是基于城市经济发展过程中所需的劳动力、资本和技术等生产要素的争夺，每一个城市在发展过程中都不可能完全实现自给自足，而是需要与其他城市之间的交流与传输满足各自城市的发展需求。由于城市群内城市间的空间地理位置相邻近，城市发展所需的劳动力、资本和技术等生产要素都近乎于趋同，因此在生产要素供给层面上而言，城市群内城市间的竞争现象较为突出。在劳动力、资本和技术等要素流动的视角上，每一个城市就相当于这些要素流动在地理空间上的一个普通的节点。放在经济全球化和区域经济一体化的大背景下，生产要素的流动与流出会对每一个城市在世界经济发展中的地位起着重要作用，在劳动力、资本、技术、知识和信息等不同要素的相继流入到城市中，而同时城市在接受要素的流入同时也会流出一部分要素，要素在城市流入和流出的规模与强度就决定了城市在世界范围内的地位及作用。在这一视角上，世界城市是各种要素流汇入的重要空间，起着承担经济发展方向以及生产者服务业集中的战略空间（周姣，2011；王红霞，2011）。泰勒（2001）认为城市间的联系是容易忽视的，在分析世界城市的形成和发展中应纳入流空间的视角，注重城市间是发生相互联系这一普遍事实。从要素流动对区域经济增长的影响来看，区域内城市间劳动力、资本和技术等生产要素的流动会对区域一体化水平起到巨大的推动作用。要素流动规模的不断扩大会扩宽经济波动的区域间的传导渠道，并且会提高区域经济增长、增强区域内部城市间发展的因果关系的解释力（蒋满元，2007）。

2.2.4 路径四：城市网络

城市并不是孤立存在的，城市的发展势必与周围城市产生联系，泰勒将城市间的关系问题称为"城市的第二本质"。他指出城市都不是孤立存在的，城市与城市间相互联系下就形成了城市网络（黄璜，2010）。城市存在的空间范式就是城市网络，单个城市在城市网络中就形成节点形式，节点通过一系列"流空间"联系成网络形式（王宝平，2012）。在研究城市群内城际关系及其对城市发展影响的路径研究时应当看作城市群内的城市都是网络中的节点形式，通过城市网络来观察城市间产生关系的路径。

传统的城市联系研究以中心地理论、空间相互作用理论等为理论基础，主要利用引力模型、场强模型以及最大熵等模型测度城市间城市流的强度、方向以及隶属度，更关注城市体系的层级性以及核心城市的影响腹地范围（毕秀晶，2013）。传统城市体系研究中以中心地模式作为研究理论是将城市体系看作是静态、孤立的系统，对城市体系中城市与城市之间的动态关联并没有考虑进去（杨永春，2011），在相关世界城市等级体系的研究方法中大多采用城市的属性数据，而对城市间的相互联系数据较少考虑，卡斯特尔的"流空间理论"是基于关系连接的世界城市分析框架，为世界城市网络相关研究提供了理论基础（黄亮，2014）。

城市群具有广泛的空间网络结构性特征，其空间网络结构性特征具体体现在城市群网络大小、网络密度和组织形式上（姚士谋，2007）。这三个要素反映了城市群网络结构的基本特征，表明每一个城市在城市群内具有特定的联系关系，城市群整体结构反映了各城市在一个群体内的集合功能以及形成的网状关系，既能体现每个城市的个性发展，又能体现城市间相互作用的共性关系。

世界城市网络理论的出发点是认为城市都是在城市体系中得到充分发展，城市之间的紧密联系是整个城市体系结构和变化的根本原因。世界城市网络理论下的城市体系逐渐将城市间联系关系的强弱作为研究的重点（杨永春，2011）。

世界城市网络将城市作为节点形式的属性转换为城市与城市之间关系的连接上。城市作为节点形式，其地位及重要性的转变多由与其他节点的相互间作用所决定，城市的发展是建立在城市间相互联系的基础上（吴灿燃，2011）。由凯西·佩恩和彼得·霍尔所著的《多中心大都市——来自欧洲巨型城市区域的经验》一书第八章人和地方：相互关联的"流动空间"和"地方空间"，关于可持续区域管理中的"流动空间"和"地方空间"相互关系的结论中提到城市间功能性关系是互补性的而不是竞争性的，不应该与市场上的"竞争力"混为一体，城市不应该将自己视为竞争者。并提出为了区域知识经济的可持续发展，政策集中在穿越区域行政边界的城市间功能性关系上是极其重要的。在对人和地方"流动空间"和"地方空间"进行分析时，凯西·佩恩和彼得·霍尔主要是采用基于知识的高端生产者服务业（APS）的区位，塑造巨型城市区域（MCR）的城市空间组织。在此基础上，发现对于高端生产者服务业而言，劳动力的素质具有重要作用，首位城市在每个区域都具有最高的甚至是仅有的、高技能国际劳动力的集聚，而刺激中心则严重地缺乏这一具有丰富的"多元化技术人才"的优势，首位城市的公司极不情愿改变办公室区位的原因，在很大程度上就是需要保持其劳动力。因此，在城市群内核心城市与其他城市相比，具有高素质劳动力资源集聚效应。

2.2.5　路径五：区域分工

区域经济学中的分工与贸易理论最早来源于经济学中的国际分工与贸易理论，并在此基础上发展起来。其中：绝对优势理论认为任何区域都具有一定的有利生产条件。如果各自区域都生产具有有利条件的产品，在此基础上与其他区域的产品进行交换，这样不仅会使资源能够得到有效配置和充分利用，同时可以在生产过程中促进区域的生产效率水平得到提高。但该理论的缺陷在于没有说明无绝对优势的区域如何能够有效参与到区域分工中。而比较优势理论认为对于能够独立生产所有产品的国家和地区，在此方面在生产过程中应选择生产优势最大的产品进行生产，而不是要面面俱到的进行所有产品的生产，而对于并非能够生产所有产品的国家和地区在生产过程中应选择获利程度较高的产品进行生产。因此这两类国家或区域都可以从分工与贸易中获得比较收益。但缺陷是以生产要素不流动作为假设前提，这与现实情况有所不符（刘勇，2012；安征宇，2011）。

生产要素禀赋理论认为区域分工的根本原因在于各区域间的生产要素禀赋存在明显的差异。其假设条件是假定区域间的生产要素流动存在一定的障碍，每个区域在生产过程中都最大限度地利用本区域具有优势的生产要素进行生产。生产要素禀赋理论在其假设条件中隐含各生产要素的生产效率是相同的这一条件，这与现实情况也存在一定的差异（罗少燕，2007）。

区域内部在核心城市充分发展的前提下，会出现一定等级的城市群，这与企业在自由选择生产区位的条件有密切关系。城市群形成过程主要包括两方面：一方面是产业在空间上的集聚与扩散，另外一方面是伴随着产业升级。经济学意义上的城市群主要是指在功能上一体化的城市区域。各城市间分工协作的基础上，才能形成城市群整体效应。城市群形成与发展的主要特征就是分工协作程度加深。城市群内各城市间产业分工并不呈现出绝对化地垂直分工或水平分工，而是呈现出网络分工形式。在城市群内部，经济发展水平差异最大的城市间产业分工格局是产业间分工，而经济发展水平差异较小的城市间分工是基于比较优势和区位优势进行产业间分工，经济发展水平都较高城市间产业分工格局是呈现出产业内分工，因而，在较为成熟的城市群内可以实现产业链区域分工（赵勇，

2009；李学鑫，2007）。

城市群内各城市间在开放、有序的要素自由流动环境下，构建出企业跨区域合作发展的网络，在此环境下，各城市逐渐形成了有利于自身发展的优势产业，城市间产业分工局面逐渐形成。一方面各城市为了各自优势产业的发展需要，而与城市群内其他城市携手构建良好的发展环境，与产业发展位于上下游环节的城市共同形成积极的协商机制。随着分工的深化，产业链的加长，各生产环节分布在城市群内各城市，促使各城市间形成共同的经济利益。从而使得城市群内各城市间关系进一步紧密，每个城市都不再是利益孤独体，而是从其内在需要出发，与群内其他城市间建立利益共享的城市群发展环境（周姣，2011）。

2.2.6 城际关系及其对城市发展影响路径的测度方法

城际关系及其对城市发展影响路径的测度方法，本书主要是采用基于探索性空间数据分析方法下的全局空间自相关、局部空间自相关和空间变差函数来考察城市群内部城市间是否存在集聚或扩散效应。探索性空间数据分析方法是近年来普遍运用具有识别功能的空间数据分析方法，用于探测空间分布的非随机性或空间自相关。空间自相关性分析是认识空间分布特征、选择适宜空间尺度完成空间分析的最常用方法。探索性空间数据分析是将统计学和现代图形计算技术结合起来，用直观的方法展现空间数据中隐含的空间分布、空间模式以及空间相互作用等特征。这种方法本质上是由数据驱动的探索过程，而不是由理论驱动的演绎推理过程，其目的是"让数据自己说话"，通过数据分析来发现问题。探索性空间数据分析主要使用两类工具：第一类工具是分析空间数据在整个系统内表现出的分布特征，通常将这种整体分布特征称为全局空间相关性，常采用 Moran's I 指数值、Geary 指数值来进行测度，第二类工具是用来分析局部子系统所表现出的分布特征，称为局部空间相关性，具体表现形式包括空间集聚区、非典型的局部区域、异常值或空间政区等，一般采用 G 统计量、Moran 散点图和 LISA 来进行测度（沈体雁，2010）。

（1）全局空间自相关。

全局空间自相关主要是对研究区域城市群总体的空间关联程度进行判定。本书选用的测度统计量是全局 Moran's I 值（曾浩，2015）。计算公式为：

$$I = \frac{\sum\limits_{i=1}^{n} \sum\limits_{j=1}^{n} w_{ij} (x_i - \bar{x})(x_j - \bar{x})}{S^2 \sum\limits_{i=1}^{n} \sum\limits_{j=1}^{n} w_{ij}} \qquad (2.23)$$

式中，x_i、x_j 分别是研究区域城市内县域单元 i 和 j 的人均 GDP 值；w_{ij} 表示空间权重矩阵，本书选用地理邻接矩阵，当两个县域单元的地理空间位置相邻时，w_{ij} 的值为 1，当两个县域单元的地理空间位置不相邻时，w_{ij} 的值为 0；$S^2 = \dfrac{1}{n} \sum\limits_{j=1}^{n} (x_i - \bar{x})^2$。主要是采用标准化统计量 Z 来检验研究区域城市群内各县域单元的空间相关性显著性检验水平，由于选用的测度统计量是全局 Moran's I 值的范围在 −1 至 1 之间，因此当全局 Moran's I 值大于 0 时表示研究区域城市群内各县域单元经济发展具有空间正相关，而 Moran's I 值小于 0 时表示存在空间负相关，当 Moran's I 值为 0 时表示空间上是呈现随机分布的状态（曾浩，2015，2016）。

（2）局部空间自相关。

局部空间自相关主要是考察研究区域城市群内各县域单元间的局部异质性，通过局部空间自相关检验，可以揭示城市群内各县域单元间在局部空间上相似或相异。采用的测度统计量是局部 Moran's I 值。计算公式为：

$$I_i = \sum_{i \neq j}^{n} w_{ij} z_i z_j \qquad (2.24)$$

式中，z_i、z_j 分别表示研究区域城市群内各县域单元的人均 GDP 值；w_{ij} 具体含义与全局空间自相关一致。

（3）空间变差函数。

空间变差函数是地理统计分析方法中的一种常用方法，用来描述区域化变量空间随机性和结构性特征，能很好地表达出地理变量的空间变异性与相关性。计算公式为：

$$r(h) = \frac{1}{2N(h)} \sum_{i=1}^{N(h)} \left[Z(x_i) - Z(x_i + h) \right]^2 \qquad (2.25)$$

式中，$Z(x_i)$ 和 $Z(x_i + h)$ 表示 $Z(x)$ 在空间位置 x_i 和 $x_i + h$ 处的属性值（$i = 1, 2, \cdots, N(h)$），$N(h)$ 表示分割距离 h 的样本量。以 h、$r(h)$ 分别为横、纵坐标绘制出空间变差函数的曲线图，空间变差函数曲线图如图 2 - 2 所示。高斯模型、球形模型、线性模型、抛物线模型等是空间变差函数常用拟合模型（王静，2011）。

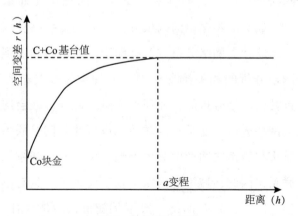

图 2 - 2　理论方差

（4）社会网络分析方法。

社会网络是社会行动者及其他们之间关系的集合。行动者可以是个人、群体、组织乃至国家。由于关系数据不满足常规统计学意义上的"变量的独立性假设"，因此，通常意义上的各种多元统计方法大多不能用来分析关系数据。而社会网络分析主要适用于"关系数据"，有别于常见的属性数据，关系数据主要包括接触、关联、联络、群体依附等方面的数据。社会网络分析方法的核心就在于通过"关系"的视角来研究社会现象和结构问题。因此，关系是社会网络分析理论的基础。网络密度、中心度、凝聚子群等是社会网络分析的常用方法。将城市网络作为城际关系的路径进行分析，主要是直观观察城市间发生关系的路径，城市之间的相互作用关系可以较为明晰地表现出来（毕秀晶，2013）。社会网络分析方法最早是在社会学相关研究中运用，但近年来，随着区域经济学、管理学等学科研究需要，社会网络分析方法被广泛运用到相关学科研究中，并得到了较好的研究效果。本书采用社会网络分析方法对城市群内城际关系发生的路径进行研究主要是基于网络分析是一种不同于因果性分析的研究思路，它提供了"交互"的视角（刘军，2014）。社会网络分析倡导的不是单向因果分析，而是提供一种双向交互作用的视角，因此社会网络分析方法有助于沟通微观和宏观之间的桥梁。社会网络分析的相关概念提供了一种构建社会结构理论的方式，这正是社会网络分析的重要理论贡献。此外，社会网络分析过程中，社会网络成员可能是直接联系，也可能是间接联系，这正如城市群中城市与城市之间产生关系可能发生于直接联系，也可能发生于间接联系，因此，城市群内城市发生关系可能具有不同的作用形式或路径。同时，社会网络一般不是随机，而是具有一定结构，可能表现为聚类性、分派性或者是六度分割、核心边缘结构，也可能在城市群内根据集聚度产生多中心城市结构的形式出现，通过分析网络的结构，可以有效观察在稀缺资源不对称的关系和复杂网络中得到不同程度的分布与传递，可以对城市群内城市之间产生关系的路径进行有效甄别（刘军，2014）。

①整体网密度。整体网的规模越大，其结构也越复杂，网络成员间的联系也会越紧密。整体网是无向关系网，其中有 N 个行动者，在理论上包含的关系总数最大可能值为 $N(N-1)/2$。如果网络中包含的实际关系数目为 L，则该网络的密度就为"实际关系数"除以"理论上的最大关系数"，即等于 $L/(N(N-1)/2) = 2L/(N(N-1))$。如果规模为 N 个行动者的整体网是有向关系网，则包含关系总数在理论上的最大可能值为 $N(N-1)$（马振萍，2011；涂师师，2013；刘军，2014）。该网络的密度 Dn 可表示为：

$$Dn = L/[N \times (N-1)] \tag{2.26}$$

②关联性分析。关联性主要用来反映网络自身的稳健性和脆弱性。网络中各区域间的关联关系将经济系统连接成一个整体，在网络中任意两个区域间都有一条直线或间接路径相连，则该网络关联性较高。如果网络中某一个区域都会有较多直线通过，则表明该区域在网络中具有很高的决定性作用，该区域在网络中就起着重要的核心支点作用，若该区域一旦离开该网络，则网络间就会分崩离析，网络的关联性就较低（李敬，2014）。关联度 C 可通过可达性来测量，N 代表为网络中区域经济主体数量，而 V 代表网络中不可达的点对数值，则关联度 C 的计算公式为：

$$C = 1 - V[N \times (N-1)/2] \tag{2.27}$$

网络等级度在有向网络中与关联度密切相关。在网络中区域之间非对称地可达程度反映各区域间在网络中的支配地位。网络中对称可达点对数为 K，则最大可能的对称可达点对数值为 $\max(K)$，

则网络等级度 H 的计算公式为：

$$H = 1 - K/\max(K) \tag{2.28}$$

除了关联度和网络等级度外，网络效率也是反映网络关联性的重要指标。网络效率表示在已经确定网络中包含的成分数目的前提下，网络中出现多余的线的程度。在城市群内区域经济增长的空间关联网络中，当网络效率较低，表明区域经济增长的空间溢出效应较为突出，网络更加稳定（李敬，2014）。网络中出现多余线的数目为 M，则最大可能的多余线的数目为 $\max(M)$，则网络效率 E 的计算公式为：

$$E = 1 - M/\max(M) \tag{2.29}$$

③中心性分析。中心性是研究网络中最具地位和作用的指标。一个区域在网络中越位于中心位置，则其在网络中的重要性和影响力也最大。网络中心性主要是采用相对度数中心度和中间中心度两个指标来刻画，相对度数中心度是网络中与某区域直接相关联的区域数目和最大可能直接相连的区域数目之比。De 表示相对度数中心度，其计算公式为：

$$De = n/(N-1) \tag{2.30}$$

中间中心度是考察区域在多大程度上处于其他区域的"中间"的测度指标。在网络中，某一区域位于多个区域的最短路径上，该区域可能就在网络中处于"桥梁"的作用。区域 j 和 k 之间的较为捷径的数目为 g_{jk}，而 i 为区域 j 和 k 之间最短路径上的区域，则区域 j 和 k 通过区域 i 的捷径数目为 $g_{jk}(1)$，区域 i 控制区域 j 和 k 关联的能力为 $b_{jk}(1)$，则 $b_{jk}(i) = g_{jk}(i)/g_{jk}$。区域 i 的绝对中间中心度就是通过将区域 i 在整个网络中所有的点对的中间度进行相加。绝对中间中心度标准化便得到相对中间中心度，其计算公式为：

$$Cbi = \frac{2\sum_{j}^{N}\sum_{k}^{N} b_{jk}(i)}{N^2 - 3N + 2} \text{其中，} j \neq k \neq i, \text{并且} j < k \tag{2.31}$$

④凝聚子群。凝聚子群研究目的是寻找社会成员之间实存或者潜在的关系模式,研究网络中存在多少凝聚子群、各个凝聚子群间是什么关系,以及凝聚子群内部成员之间的关系具有怎样的特点等(方大春,2015)。凝聚子群主要是指网络中城市之间具有相对联系紧密或非常积极的关系,并在网络中体现出一定的凝聚力。通过凝聚子群可以较为清晰地得到网络中各城市间的小群体聚集情况,测度凝聚子群原理是重叠性的聚类分析,具体方法包括派系法、$n-$派系法、$k-$丛法等和非重叠性 CONCOR 法等(郭喜梅,2014)。

⑤城市群空间联系引力模型。进行城市群社会网络分析的基础是城市群经济联系关系矩阵。城市群经济联系关系矩阵需要借助于引力模型,引力模型是社会网络分析的基础,通过其计算的结果为社会网络分析提供关系数据。国外学者杰弗森(Jefferson)和齐夫(Zipf)首次将万有引力模型引入到城市体系进行空间相互作用分析,建立了城市群空间结构相互作用的理论基础(林先扬,2003)。其计算公式为:

$$R_{ij} = \frac{\sqrt{P_i \cdot V_i} \cdot \sqrt{P_j \cdot V_j}}{D_{ij}^2} \tag{2.32}$$

式中,R_{ij} 为城市群内两个城市之间的引力大小,在实际情况中,两个城市间的引力大小并不是对等的,城市间经济引力存在单向性和差异性。在经济规模、人口数量与距离远近都相等的情况下,两个城市彼此间的引力大小并不相同,真实情况是质量大的城市对质量小的城市的吸引力大于质量小的城市对质量大的城市的吸引力,需要引入参数对城市间经济联系引力模型进行进一步的修正(方大春,2015;郭源园,2012),修正后的引力模型为(方大春,2015;郭源园,2012):

$$R_{ij} = k_{ij} \cdot \frac{\sqrt{P_i \cdot V_i} \cdot \sqrt{P_j \cdot V_j}}{D_{ij}}, \ k_{ij} = \frac{V_i}{V_i + V_j} \tag{2.33}$$

式中，R_{ij} 为城市 i 对城市 j 的引力，k_{ij} 表示城市 i 对 R_{ij} 的贡献率；P_i 和 P_j 为两城市的人口规模指标；V_i、V_j 为两城市的经济规模指标。

（5）城市产业分工测度方法的选择。

城市产业专业化指数具体选用的测度方法为：

$$SS_i = \frac{1}{2} \sum |S_{ij} - S_j| \qquad (2.34)$$

式中 $S_{ij} = L_{ij}/L_i$，SS_i 表示城市产业专业化指数，SS_i 的值越高，城市产业专业化水平越高，反之则表明专业化水平越低。L_i 表示城市 i 的从业总人数，S_j 是产业 j 在全国所占就业比重。

区位熵灰色关联分析法。度量城市群产业结构异同的主要方法是相似系数法和区位熵法，但由于相似系数法在产业内部的具体结构方面不能够准确地反映其特征，而区位熵法在此方面正好弥补了相似系数法这一缺点，但在整体度量两地区产业结构的相似程度又有所不足。因此，采用区位熵的灰色关联分析方法来对城市群产业结构异同进行测度与分析，该方法正好综合了既能从整体上判别两地区产业结构，又能反映产业内部的具体结构的优点（尹征，2015）。区位熵灰色关联分析法主要步骤如下：

①计算每个城市各产业的区位熵：

$$LQ = \frac{L_{ij}/L_i}{L_j/L} \qquad (2.35)$$

②求出城市群各城市各产业的区位熵矩阵：

$$LQ_{ik} = \begin{bmatrix} LQ_{11} & M & LQ_{m1} \\ N & & N \\ LQ_{1n} & M & LQ_{mn} \end{bmatrix} \qquad (2.36)$$

③进行各城市产业结构的灰色关联分析。确定比较序列和参考序列，记为 $x_0(k)$，比较序列表示各城市的产业结构，记为 $x_i(k)$，并求出参考序列与比较序列的绝对差 Δ：

$$\Delta_i = |x_0(k) - x_i(k)| \qquad (2.37)$$

分别求出两级的最小差和最大差，$\min_i \min_k V_i$ 为两级最小差，$\min_k V_i$ 为一级最小差，则两级最小差为：

$$\min_i \min_k V_i = \min\{\min V_i(1), \ \min V_i(2), \ \cdots, \ \min V_i(n)\}$$

$$(2.38)$$

同样求出两级最大差：

$$\max_i \max_k V_i = \max\{\max V_i(1), \ \max V_i(2), \ \cdots, \ \max V_i(n)\}$$

$$(2.39)$$

计算灰色关联系数：

$$\xi_i(k) = \frac{\min_i \min_k |x_0(k) - x_i(k)| + \sigma \max_i \max_k |x_0(k) - x_i(k)|}{|x_0(k) - x_i(k)| + \sigma \max_i \max_k |x_0(k) - x_i(k)|}$$

$$(2.40)$$

式（2.40）中，σ 为分辨系数，$\sigma = [0, 1]$，根据已有的研究，σ 取值为 0.5。根据上式得到 2003 年、2008 年和 2013 年武汉城市圈各城市产业结构关联系数矩阵。

计算灰色关联度：$r_i = \dfrac{1}{N} \sum_{k=1}^{n} \xi_i(k)$ \qquad (2.41)

2.3 城际关系对城市发展的影响

2.3.1 城市竞争关系对城市发展的影响

城市之间有关系就会对城市发展产生影响。城市之间的竞争与合作，本质上是为了分享动态的集聚经济和协同效应（李金龙，

2011；苗长虹，2012）。各城市通过承诺给予土地租金、税收等优惠政策，积极吸引城市外的资源向本城市进行转移，经济发展较为落后的城市可以更好地承接发达地区相关产业转移，提高本城市的综合经济实力，从而提高本城市内居民的福利状况和生活水平（何春晖，2011）。城市间竞争主要表现在区域投资环境、可流动生产要素进行激烈竞争。在我国，城市竞争并未随时间的变化而减弱，在分税制之前，城市间竞争主要是围绕争夺中央的资源分配，为计划指标额度进行竞争；在分税制后，各城市表现上看是成为各自单独的利益主体，但在严格的考核制度下，各城市间不仅积极向中央申请有利于自己城市发展的政策和项目，同时又通过与其他城市争夺有利于自身发展的人力、资本等生产要素资源，城市间相互竞争并未减弱，反而呈现出加强的态势。城市之间的竞争对于促进制度的变迁和创新、地方经济的发展有着非常重要的作用。但也应该看到，城市间的竞争在超过一定限度时，非理性竞争会导致市场的严重分割，也会造成资源的极大浪费和重复建设等严重后果，如果出现这种情况，将不利于区域的整体协调发展，会产生消极影响（何春晖，2011）。

城市竞争的存在对于城市的发展是非常有利的，其主要表现在如下几个方面：第一，区域政府的竞争使得区域经济协调进步。因为城市间为了提高竞争力，通常会投入大量的财力和物力在交通、能源、环境等设施当中，并尽可能地完善城市的基础设施，一旦一个城市的基础设施建设完好，那么其社会运作的效率将会迈上一个新的台阶。此外，城市之间在进行竞争的时候，通常也会将竞争的焦点集中于产业配套领域，主要是围绕主营产业来搭建有效的上下游产业环境，这种做法非常有利于区域产业的集群化发展，能够将相关的资源集中起来，实现规模经济，同时还可以为相邻区域搭建产业配套环境，从而实现区域的经济进步。第二，城市之间的竞争有利于推动区域创新发展。因为城市制度大多都是公益化的服务，这很容易滋生一些"搭便车"问题，而城市间强制性制度的完善能够降低这种问题出现的概率，提升公共资源的利用效率，同时还能够激发需求诱导性制度变迁。对城市群而言，只要其中一个城市能够产生需求诱导性制度创新，那么其带来的结果不仅仅是这个城市的快速发展，而是整个城市群的经济发展与进步，并引起城市制度的变革。制度方面的竞争最大的优点在于，能够对竞争城市的制度环境做出完善，实现整个城市群的进步。总之，城市之间为了竞争所做出的准备工作，能够极大促进资源的流入，实现经济的稳步发展，最终使得民众享受更多的福利（何春晖，2011）。

城市竞争对城市发展产生的不利影响主要表现在以下两方面：第一，公共产品浪费以及重复建设的问题不断出现。每个城市在发展的时候都会更多地考虑自身利益，并使用扩张性的投资策略，这很容易造成公共产品浪费以及重复建设的问题出现。在完全竞争的条件下，重复建设的诱因在于，政府资金投向会引发民营资本对部分产品的投资热度，从而干扰市场信号；在非竞争领域当中，城市通常会将资金投资于一些同质化产品当中，使得很多公共设施重复建设，从而浪费大量资源。对于长期进行的低水平重复建设，其不但浪费了纳税人的税款，而且直接导致了供大于求，阻碍了技术的进步。第二，由于城市之间的过度竞争直接影响了正常的经济秩序。首先，在城市群内城市为了提高经济水平，提高城市 GDP，往往通过出让土地、提供优惠政策等形式来吸引投资者投资，为了吸引投资甚至违反了国家的有关政策。其次，城市为了保护当地的利益，采取各种行政手段，阻止外资对于本地市场的干扰，使得地方保护主义层出不穷。长期低效竞争，使得城市竞争力不断下降，城市为了追求更大的利益，采取了一些不规范的方式来参与到竞争当中，这种只顾本城市利益，而忽视城市群的利益，仅仅强调竞争而没有进行合作的行为，已经严重影响了正常的经济秩序，阻碍了城市群的发展（何春晖，2011）。

2.3.2 城市合作关系对城市发展的影响

世界各国的区域经济发展历程表明，"跨区域公共问题"的有效治理，尤其是在区域产业结构的优化调整、道路交通等公共基础设施的建设、区域环境的保护和治理等方面急需区域城市间的合作。通过城市之间的配合作用就能够促进城市之间的商业流动，提高各个城市之间的协同发展，加快商品的流通速度，从而打破地方保护主义形成的区域封锁，为实现不同区域之间联合治理的模式都起着极大的促进作用（冯桃桃，2011）。

从要素禀赋理论来进行分析，城市群内的城市合作从而实现了资源有优化配置，从实际生产来看，投入的生活要素的数量往往不是一种而是有多种生产要素构成，对于生产基本条件来说，往往需要投入两个或者两个以上的生产要素，对于不同国家之间获得价格优势，其原因往往是由于生产要素禀赋所导致的，因此城市群当中的每一座城市都应该根据自身的特点积极发挥自身的优势，同时指定符合自身发展的城市发展战略，同时在某些特定时间内，允许一部分企业能够具有较高的盈利水平，从城市追求的利益最大化，因此大多数城市在制定相关政策时候，往往将更多的支持利润高的行业，所以就使得城市之间发展趋于同质化。所以，要统筹协调，做好不同城市之间的发展关系，积极发挥城市自身的优势，从而实现城市群的协调发展（李金龙，2010）。

城市合作使得城市群的发展呈现出网络状态（杨龙，2011）。在很长一段时间内，城市要依靠这种资源的优势，因此在充分调动本城市的资源，努力发展经济的同时，对于其他城市则采取了贸易保护主义，使得不同城市之间的信息交流存在闭塞。对于城市来说，往往只有行政指令，而没有横向交流，因此就产生了"诸侯经济"，总体来看，区域经济发展需要横向协调的事务越来越多，城市间合作就越来越重要。区域性合作组织的出现，扩大了城市间相互交往的范围，各城市在区域合作组织这个平台上可以就各方共同关注的话题进行交流，在这个过程中，城市间关系得到了充分的重视，横向间和斜向间城市关系将得到充分发展，区域内的城市间关系总体上呈现出多中心、网络化特征（杨龙，2011）。

从博弈论的层面出发，其中存在一个理论，即"囚徒困境"。基于这一理论，如果城市群内的政府之间能够开展更加有效的沟通与协作，那么能够极大地规避由于非理性集体行动所产生的负面影响，能够更加有效地确保各方利益，从而让各个主体之间实现互利共赢。"囚徒困境"理论涉及个人最佳选择的概念，但是个人最佳选择仅仅是针对个人的，并不能够表明其就是团体最佳选择，甚至在一些条件下，由于个体过于理性，反而会导致集体行动的非理性，从而对集体利益造成影响。由博弈论在制度方面所给出的解释，制度的形成是各个参与主体之间通过一定的策略以互动的形式内生而成的，若要使参与的各个主体之间能够在意见上达成统一，则必须要兼顾到各个利益主体之间的利益，化解其中的利益冲突，基于公平原则、自愿原则等对所得利益进行合理的分配，并就这种分配机制为基础逐渐使其形成制度。在城市群中，因为不同的政府之间所具有的利益诉求以及利益偏好并不相同，各个城市之间的经济发展水平也存在差异，为了能够使得自身利益实现最大化，则相互之间就必然存在一种博弈关系。在这种博弈的驱动下，城市群中的政府若要在这种合作中赢得更多的利益，同时还要兼顾城市群整体利益，在努力实现个体利益和整体利益最大化的同时，兼顾二者之间的矛盾和冲突，这就需要通过一定的策略开展合作，并使这种策略最优化，在展开广泛合作的同时加强城市群之间的关系协调，是利益各方都能够从个体利益进行考虑的同时，更加注重整体的利益（李金龙，2010）。

区域经济发展对城市间合作也提出了新的要求，在全球范围内，区域经济的发展大多是依靠城市间的合作来推动。在区域经济的发展实践中，由于区域内各主体之间存在利益关系，对利益的诉求也各不相同，即便引入了"经纪人"角色，其在理性方面也是相对而言的，并不是绝对的，那么合作各方之间必然会产生一种"利益博弈"，努力实现自身利益的最大化，当各个利益主体都以此对待这种合作关系时，反映到市场中则会导致市场失灵的频率增加（冯桃桃，2011）。所以，城市间应强化相互之间的合作机制，充分发挥其导向性作用使利益主体之间的行为能够更加指向整体利益，通过彼此之间有效的合作对市场进行科学合理的调控，避免出现市场失灵的情况，从而推动城市群辐射范围内的区域经济能够步入良性发展的轨道。

城市间合作的"俱乐部效应"会促进区域实施更加有效的整合。使区域经济合作中出现自发性合作，但是这种合作机制通常出现在经济更为发达的地区，这些地区的经济能够满足自身发展需求，一体化趋势非常明显。通过这种方式所形成的区域合作组织，其所具有的区域集团特征非常鲜明，同时也设置了准入条件。由于合作组织的产生，不同城市之间的相对实力对比情况发生改变，并且打破了原有的竞争格局，区域内竞争情况开始出现，同时由于原有竞争格局被改变，因而这对不在合作范围内的周边城市也会产生"干扰"，比如，长三角周边一些城市，也非常有意愿加入到城市群中来，利用城市群中的资源，使自身城市的水平能够不断得到提升。因此，各城市的发展改变以往与本省的省会城市携手共进，更渴望与相邻接的其他城市进行合作（杨龙，2011）。

区域经济一体化趋势不断深化，而最后势必会发展成为一个区域性的经济组织，自然形成一个区域经济共同体。相互之间在经济领域内展开深入合作，相互之间分工明确，在原料和产品供应方面逐渐形成了带有鲜明区域经济色彩的产业链条，内部实施统一的统筹与规划，从而形成一个无论是垂直型分工，还是水平型分工都非常明确的合作联盟，整个联盟内的成员都能够从中获得相应的利益，从而促进相互之间的协同发展，实现共同繁荣。虽然在区域经济一体化发展过程中，其必须要以市场为导向，并遵循市场规律，有效协调各方的利益关系，从而使相互之间能够在利益方面达成一致，形成一个利益共同体，为区域经济带来新的活力；但是，我国市场经济发展始终都是以政府主导型为主实现的，为了能够将这一目标实现，必须要依靠行政单元之间的竞争和协作，并且这种合作是正向的、良性的，因而对于区域内城市之间的相互关系而言，其也是促进区域经济一体化进一步得到发展的基础和保障（徐朝斌，2009；张紧跟，2007）。

2.3.3 城市竞争合作关系的博弈分析

城市群内城市竞争与合作关系可以从博弈角度进行分析，目前关于城市竞争合作的博弈分析多从演化博弈和晋升锦标赛博弈两种博弈开展研究。

（1）城市竞争合作的演化博弈分析。

关于城市群内城市之间竞争合作关系的博弈分析已有较多学者进行研究，最为突出的是学者彭艳芝在 2011 年时撰写的《基于演化博弈的战略网络城市竞合分析》一文，研究从演化博弈的角度对战略网络城市之间的竞争与合作关系进行博弈分析，通过分析得到战略网络城市之间竞争合作的进化稳定策略，并给出了模型的应用例子。学者彭艳芝（2011）以城市作为研究单元，从微观的视角研究区域经济之间的竞争合作关系。而刘松先（2005）提出依据博弈理论，在战略网络内，最终将以合作关系替代竞争关系作为成员之间关系的基调。彭艳芝（2011）构建的战略网络视角下城市间竞争合作演化博弈模型如下：

①模型假设。

假设 1：城市 A 和城市 B 都位于同一个城市群内部，城市 A 和城市 B 分别拥有资源 $R1$ 和 $R2$。在某一项经济合作项目中，只有对 $R1$ 和 $R2$ 两种资源进行整合投入生产才能产生效益，即城市 A 和城市 B 建立合作关系，并设产量函数为 O（彭艳芝，2011）。

假设 2：城市 A 和城市 B 分别投入资源 $R1$ 和 $R2$，假设产量函数为：

$$O = KU_1^{\alpha}U_2^{\beta}$$

产值函数为：$Y = P_0O = KP_0U_1^{\alpha}U_2^{\beta}$

式中：U_1 是城市 A 投入资源 $R1$ 的量，U_2 是城市 B 投入资源 $R2$ 的量；α 是资源 $R1$ 产出的弹性系数；β 是资源 $R2$ 产出的弹性系数；K 是综合技术水平；P_0 是社会产品平均价格。出现以下几种情况：

第一种情况表现为当 $\alpha + \beta > 1$，表示递增报酬型，表明按现有技术用扩大生产规模来增加产出是有利的。

第二种情况表现为 $\alpha + \beta < 1$，表示递减报酬型，表明按现有技术用扩大生产规模来增加产出是得不偿失。

第三种情况表现为 $\alpha + \beta = 1$，表示不变报酬型，表明生产效率并不会随着生产规模的扩大而提高，只有提高技术水平，才会提高经济效益。

假设3：城市 A 和城市 B 的合作成本分别为 $C1$ 和 $C2$，P 为惩罚值（当一方选择不合作而对方仍选择合作时，支付给对方的罚款），且 $P < C1$，$P < C2$，g 为城市发展质量综合值，$s(g)$ 为收益分配系数，是关于城市发展质量综合值的函数（彭艳芝，2011）。

②构建支付函数矩阵。

考虑城市群内部两个城市，在各自策略集合的角度可以分为合作与不合作，因此博弈的得益矩阵如表 2 - 1 所示。

表 2 - 1　　　　　　　　城市群内城市间博弈的得益矩阵

		城市 A			
		合作		不合作	
城市 B	合作	$S_1(g_1)KP_0U_1^{\alpha}U_2^{\beta} - C_1$	$S_2(g_2)KP_0U_1^{\alpha}U_2^{\beta} - C_2$	$p - C_1$	$- p$
	不合作	$- p$	$p - C_2$	0	0

资料来源：彭艳芝，2011。

得出的情况如下：情况一：当城市群内城市 A 和城市 B 都采取合作策略时，两个城市在净收益分别为各自在经济合作项目中分得的收益减去自身的合作成本，即分别为 $S_1(g_1)KP_0U_1^{\alpha}U_2^{\beta} - C1$ 和 $S_2(g_2)KP_0U_1^{\alpha}U_2^{\beta} - C2$，分得的收益取决于分配系数与合作的总产出得乘积。而分配系数是关于城市综合发展质量的一个函数，由于城市的综合发展质量在短期内是稳定不变的，所以在城市群内一次城市竞合博弈中，可以把分配系数看作是一个常量。此外，当城市经济合作项目明确时，可以根据项目目标、项目的特性等将合作成本掌控在预算之中，由此可以把合作成本当作一个常量来处理。综合技术水平 K 在一定社会经济背景下要是一个相对稳定的值，故可以看作是一个常数，且有 $0 < K \leq 1$。因此，城市只有调整自己在经济合作项目中的资源投入来最大化自身净收益（彭艳芝，2011）。

情况二：当城市群内有一个城市采取不合作战略，而另一个城市采取合作战略时，根据假设采取不合作策略一方支付 P（惩罚值）给采取合作策略的一方。该惩罚值主要来源于：一方面在城市群内部设置惩罚机制，可以有效避免城市群内部城市间产生恶性竞争，从而有效规范城市博弈人的经济行为；其次主要是来源于城市自身信誉的受损，若城市在经济合作项目中采取与城市群内部其他城市间不合作的行为时将会降低其信任度，从而带来经济上的损失，而在经济合作项目中采取与城市群内部其他城市间合作的行为时，既要承受合作成本带来的损失，并获得惩罚值 P。因此，采取不合作的城市收益为 $-P$，而采取合作策略的城市获得净收益 $P - C1$（彭艳芝，2011）。

情况三：当城市群内部城市与城市之间采取不合作策略时，双方既不需要支付对方的惩罚值，也不需要承担合作成本，因此得益均为 0（彭艳芝，2011）。

针对以上三种情况的分析以及模型的假设，对城市群内城市与城市之间进行竞合博弈模型进行纳什均衡的求解。此外，在城市群内部城市经济合作中，又可分为两种情况。第一种情况：两个城市都采用合作策略时的收益分配额大于处罚机制中设定的惩罚值，即 $S_i(g_i)KP_0U_j^\alpha U_j^\beta > P$，其中 $i \neq j$，因此有 $S_i(g_i)KP_0U_j^\alpha U_j^\beta - Ci > P - Ci > 0$，因此，在给定城市 A 采取与城市群内其他城市进行合作策略时，城市 B 采取合作策略的收益是 $S_2(g_2)KP_0U_1^{\alpha}U_2^{\beta} - C2 > 0 > P$，因此合作是城市 B 具备占优策略；给定城市 B 采取合作策略，城市 A 的合作、不合作策略的收益分别是 $S_1(g_1)KP_0U_1^{\alpha}U_2^{\beta} - C2 > 0 > -P$，所以合作是城市群内城市 B 的占优策略，给定城市 B 采取合作策略，城市 A 的合作、不合作策略的收益分别是 $S_1(g_1)KP_0U_1^{\alpha}U_2^{\beta} - C1$、$-P$，同样有 $S_1(g_1)KP_0U_1^{\alpha}U_2^{\beta} - C1 > 0 > -P$，合作是城市 A 的占优策略。由此可得城市群内部两个城市采取合作与合作是一个纳什均衡策略（彭艳芝，2011）。

第二种情况，城市群内部两个城市：A 和 B，城市 A 采取不合作策略，城市 B 采取合作策略的收益是 $P - C2 < 0$，采取不合作策略的收益是 0，由于 $P - C2 < 0$，因此对于城市 B 而言采取不合作是占优策略；给定城市 B 采取不合作策略，城市 A 的合作、不合作策略的收益分别是 $P - C1$、0，同样有 $P - C1 < 0$，不合作是城市 A 的占优策略，因此可得到城市群内城市 A 采取不合作与城市 B 采取不合作策略也是一个纳什均衡策略。因此，通过上述分析，通过合理地设计惩罚机制，在城市群内部两个城市竞合博弈存在两个纳什均衡：即城市 A 与城市 B 进行合作，城市 A 与城市 B 都采取不合作，城市群内两个城市的纳什均衡就是都采取合作策略或都采取不合作策略（彭艳芝，2011）。

在进行演化博弈模型中，只要城市群内城市在合作中分得收益大于其合作成本，并且城市与城市之间双方协议一个大于彼此合作成本的惩罚值，城市群内部各城市将以较大概率收敛于进化稳定策略，即选择城市与城市之间都选择合作，这与全球范围内建设的城市群或都市圈是相吻合的（彭艳芝，2011）。计算城市群内城市与城市之间采取合作与合作策略时的最优投入。

假设城市群内部城市与城市都采取合作策略时，其合作成本仅为消耗资源的价值，即 $C1 = w_1 U_1$，$Cw = w_2 U_2$，其中 w_1 为资源 $r1$ 的价格，为计算方便，参考彭艳芝的研究，设 $\alpha = 1/2$，$\beta = 1/3$，由此可以得到城市 A 和城市 B 进行合作的支付函数：

$$Y = AKP_0 U_1^\alpha U_1^\alpha U_2^\beta - w_1 U_1 - w_2 U_2$$

令

$$\frac{\partial y}{\partial U_1} = 0, \quad \frac{\partial y}{\partial U_2} = 0$$

解得

$$U_1^* = \frac{(AP_0)^3}{144 w_1^4 w_2^2}, \quad U_2^* = \frac{(AP_0)^3}{216 w_1^3 w_2^3}$$

$$Y^* = \frac{(AP_0)^3}{72 w_1^3 w_2^3} \left[(AP_0)^{1/2} - \frac{1}{6} \right]$$

且有

$$\frac{U_1^* w_1}{U_2^* w_2} = \frac{3}{2} = \alpha : \beta$$

即城市 A 投入的最优资源量为 $\dfrac{(AP_0)^3}{144 w_1^4 w_2^2}$，城市 B 投入的最优资源量为 $\dfrac{(AP_0)^3}{216 w_1^3 w_2^3}$，对于两个城市组成的联合体收益为 $\dfrac{(AP_0)^3}{72 w_1^3 w_2^3} \left[(AP_0)^{\frac{1}{2}} - \dfrac{1}{6} \right]$，则城市群内城市 A 和城市 B 投入的资源价值之比等于两种资源的产出弹性系之比（彭艳芝，2011）。

由上述的计算可以得知，城市群内城市 A 和城市 B 采取合作策略时，通过对资源产出系数赋值，可以计算出各城市的资源最优投入量及最大合作收益，并发现投入资源价值之比等于该两种资源的产出弹性系数，为城市群内城市与城市作为博弈人决策提供依据（彭艳芝，2011）。

（2）基于城市地方政府晋升锦标赛博弈模型。

由于在城市群内部，城市之间经济与政绩导致的向心力与离散力并存的利益机制，城市群内城市间关系表现为竞争或合作的决定因素在于城市间由经济利益及地方政府晋升锦标赛博弈后所形成的利益格局（徐宛笑，2012）。城市群中具有特定的城市关系影响因素，对于单核心城市群而言，城市群内的中心城市在城市群内竞争关系处于主导地位，具体表现为产业同构及地方政府合作中的消极等待、"搭便车"等现象突出，这两者反过来又将进一步加强城市群内城市间的竞争关系，而由于城市群整体利益格局的影响，城市间合作又存在于城市群各城市的关系中。较为成熟的城市群在城市间合作方面会有一段时间的发展历史，且在区域一体化方面已经取得一定的成效；但在区域经济发展对比的宏观、中观层面上存在一定的不足，且城市群内部城市合作耦合动力集中表现在组织、机制的建立上，在合作方面由于城市群内部结构特性的限制存在次级行动主体严重不足等现象。这些因素综合作用下导致了以竞争为主导的城市群内城市关系困境的形成（司林杰，2014）。根据郭庆旺（2009）等人的研究，中国的财政分权有效地激发了地方政府推进本地区经济发展的积极性。周黎安（2004）、王贤彬、徐贤祥（2010）等人认为政治晋升激励虽然可以促进地方政府积极发展本地区的经济积极性，但也会加剧城市之间的竞争状况。

在已有的研究中，相关学者（周黎安，2004；陈钊、徐彤，2011）以晋升博弈的方法研究地区间竞争，对地区竞争问题可以做出很好的解释，但是现实情况中区域之间既存在激烈的竞争也存在着合作（赵曦、司林杰，2013）。赵曦、司林杰（2013）、胡艳等（2018）都是借鉴 Lazear 和 Rosen（1981）、周黎安（2004）的模型，在其基础上进行扩展，以扩展后的城市群内部两中心晋升博弈模型为分析方法，通过求解模型并进行比较静态分析，从而得出城市群内部竞争与合作的行为结论。赵曦、司林杰（2013）、胡艳等（2018）相关研究得出以下结论：在晋升锦标赛博弈模型下，城市群内城市间竞争行为对本城市经济增长影响程度的提高，城市间的竞争将会呈现更加激烈，但随着城市群内部城市间互补合作行为对其他城市经济增长影响程度的提高，城市间互补行为并不十分积极（赵曦、司林杰，2013）。

2.4　本章小结

本章主要内容是构建本书的理论分析框架。按照"关系—路径—影响"对城市群内城际关系及其对城市发展影响这一研究主题构建了理论分析框架，主要包括三个方面的内容：第一个方面就是对城际关系进行界定与确定城际关系的测度模型，提出本书所研究的城际关系只包含竞争、合作或无关三种形式。在对城际关系进行研究时，以城市发展质量为切入点，以十八届五中全会提出的"创新、协调、绿色、开放、共享"五大发展理念构建城市群城市发展质量评价指标体系，采用主成分分析方法对城市群内城市发展质量进行测度，得到城市群内各城市发展质量综合指数值和分维度指数值。按照 Dendrinos – Sonis（D – S）模型，提出城际关系的判定准则，采用 SUR 方法对城际关系进行测度。第二个方面是提出城际关系及其对城市发展影响的路径，路径主要包括空间邻近效应、集聚与扩散效应、要素流动、城市网络、区域分工等五个方面，并对路径的测度方法和原理进行了介绍。第三个方面是从理论上分别就城际间竞争关系对城市发展产生的影响和城际间合作关系对城市发展产生的影响进行理论分析，并借鉴相关已有研究构建城市群内部城市之间演化博弈模型和晋升锦标赛博弈模型。

第 3 章

世界主要城市群发展实践与经验

3.1 世界主要城市群发展实践及特征

城市群是目前为止城市发展的最高形态的空间组织单元，其中在一定的地理空间范围内，由一个特大城市作为这一地理空间地理范围内的核心，若干个大、中、小规模城市分布在周围一定空间距离内，借助城际铁路、高速公路等便利交通手段与信息、通信网络等组成区域内部城市经济联系紧密，空间组织形态紧密，在此基础上形成高效的一体化发展城市组团模式。城市群一般是在地域上集中分布的若干大城市和特大城市集聚而成的庞大的、多核心、多层次城市集团，是大都市区的联合体。目前，在全球范围内的大型世界级城市群有六个，分别是位于北美洲的两大城市群：美国东北部大西洋沿岸城市群和北美五大湖区城市群，位于欧洲的两大城市群：英国伦敦—利物浦城市群和欧洲西北部城市群，以及位于亚洲两大城市群：日本太平洋沿岸城市群和我国的长江三角洲城市群。本部分的内容主要是从世界六大城市群发展实践及特征进行总结，从而得到世界级城市群发展过程中的重要启示，以期为对我国其他城市群发展实践提供重要借鉴。

3.1.1 北美五大湖区城市群

北美五大湖区城市群位于五大湖沿岸，具体是指环绕在北美五大湖，包括宾夕法尼亚州、纽约州在内的美国的中西部，以及加拿大的南安大略省和魁北克地区。北美五大湖区城市群的核心为两条走廊，分别是位于美国的密尔沃基—芝加哥走廊和横跨美国和加拿大两国的底特律—多伦多走廊，包含的所有城市大体空间形态是环绕在五大湖呈现出半月形分布状态。北美五大湖区城市群城市数量达到35个，而城市人口总数达到百万的城市约占五大湖区城市群的60%左右，城市群的总面积约为16.4万平方公里。北美五大湖区城市群群内的核心城市是位于美国中西部密歇根湖的南部的芝加哥，城市群具有发展优势的是交通运输业、制造业。北美五大湖区城市群开发历史较早，19世纪初，利用五大湖较为独有发达的水网，大力发展水上交通，并在此基础上进行早期的开发建设。随着后来的工业革命兴起，五大湖地区依靠本身具有丰富的矿产资源这一重要的发展优势，逐步建立了完善的工业体系，形成五大钢铁工业中心。各城市建设也因此相互密切联系形成了都市区，并在此基础上以两条走廊为分布轴线较早形成了世界级的城市群（宫媛，2012；刘刚，2007；姚晓东，2013）。北美五大湖区城市群发展特征如表3-1所示。

表 3 – 1 北美五大湖区城市群发展特征

城市群名称	城市群范围	城市群特征
北美五大湖区城市群	宾夕法尼亚州、纽约州在内的美国的中西部，以及加拿大的南安大略省和魁北克地区	城市群属于典型的多中心城市群，北美五大湖区城市群内是多个中心城市共同组成，城市群没有绝对的核心城市，城市群内各个城市相比之下，芝加哥略为在各方面在城市群内具有相对的领先地位（宫媛，2012）制造业发达。北美五大湖区城市群在早期建设中建立了相对完善的工业体系，制造业在城市群内占有相对的主导核心作用，城市群内部制造业集群优势明显（刘刚，2007）。城市群内各城市合作关系较好。城市群内各城市专业化程度较高，城市间相互联系密切，形成了大型城市、中型城市、小型城市的有机结合，另外，还有卫星城市的建设形成了完善的城市体系便捷的交通建设。由于城市群内特有的水网密布的优势，水运交通便捷，加上在发展过程中注重铁路网的建设，以及区域内城市间的高速公路的建设，航运业也较发达，城市间注重互联互通建设，立体交通体系完备，交通便捷度较高（姚晓东，2013）

3.1.2 美国东北部大西洋沿岸城市群

美国东北部大西洋城市群整体发展较好，综合实力位于世界六大城市群之首，在世界范围内认可度最高。城市群主要的核心城市是纽约市，城市群的空间跨越较广，在美国从北向南依次横跨10个州，聚集了5个大都市，另外，城市群内分布着40多个中小城市，呈现出典型的金字塔形的城市体系，城市群的面积达到了13.8万平方公里，城市群的面积约占全美的1.5%，与北美五大湖区城市群相比面积略小，但总体城市化水平较高，北美五大湖区城市群各城市平均城市化率达到90%以上，虽然城市群面积较小，但呈现了典型的"高密度"特征，聚集了美国15%的总人口，美国东北部大西洋沿岸城市群人口总数从1980年增长到2015年的7 166.5万人，年均增长率0.55%（陈秀山，2008；尹德挺，2016；唐磊，2018）。

从美国东北部大西洋沿岸城市群的发展历程来看，城市群的发展主要是以发展外向型经济为主导，城市群内各城市注重发展外向型经济，这与美国东北部大西洋沿岸城市群的区位优势有较大关联，距离海洋较近，在发展过程中，充分运用邻海地区的区位优势，通过拓展国际化市场及合理充分利用全球资源进行发展，在城市群内形成了临海工业带。城市群内的五大都市区在拥有港口的巨大优势下，较其他城市得到充分发展后，积极向城市群内周边中小城市进行辐射带动，与此同时，中小型城市注重承接五大都市区的产业转移。美国东北部大西洋沿岸城市群各城市充分认识到科学技术的发展重要性，充分利用科技进步发展经济，各城市注重高技术产业的扶持，加大科技投入力度，重视与高等院校和科研机构在经济发展中的重要作用，增强城市发展的创新性，为城市发展提供了永续发展的动力（陈秀山，2008；崔红军，2010）。美国东北部大西洋沿岸城市群发展特征见表3－2。

表3－2　　　　　　　美国东北部大西洋沿岸城市群发展特征

城市群名称	城市群范围	城市群特征
美国东北部大西洋沿岸城市群	具体范围包括由北部的缅因州至南部的弗吉尼亚州，呈现为南北方向狭长区域，总共有10个州组成，城市群内部涵盖五个大都市区，其中纽约市是其中之一，此外城市群内部还含有40余个中小城市	注重城市群内核心城市优先发展，并通过核心城市辐射城市群周边其他城市进行发展的模式。以纽约为代表的城市群内5大都市区，在通过具有港口等优势发展条件下，充分发展后带动城市群内其他城市进行发展 注重产业分工，在此基础上形成了多元化产业集聚。美国东北部大西洋沿岸城市群群内各城市发展过程中注重各自优势产业的发展，产业集聚现象明显，城市群内部各城市之间协作发展程度较高，在城市群内部注重高效便捷的交通网络设施建设 注重城市群范围内的交通建设。在美国东北部大西洋沿岸城市群内注重高速公路的建设，以高速公路为主要联通方式，较大地便捷了城市群各城市的相互联系和密切了各城市间经济往来，另外，城市群内分布着几个世界级的港口和机场，为城市群各城市建立了联通世界的便捷，为发展外向型经济奠定了良好的基础（刘刚，2007；姚晓东，2013；陈秀山，2008；崔红军，2010）

3.1.3　日本太平洋沿岸城市群

日本太平洋沿岸城市群是在第二次世界大战后发展起来的世界级城市群，主要是由东京城市圈、大阪城市圈和名古屋城市圈组成。城市群的面积与北美洲两大城市群相比，面积要远小于这两大城市群，仅为3.5万平方公里，但这较小的面积里形成了高密度的经济、人口集聚发展特征，城市群人口接近7 000万，占比超过日本全国总人口的1/2。日本太平洋沿岸城市群的发展主要是在第二次世界大战后，在美国的积极扶持下，较为迅速地建立了经济体系，形成了著名的日本"三湾（东京湾、伊势湾和大阪湾）—海（濑户内海）"沿岸地区，聚集了名古屋、京滨、阪神、北九州四大工业区，集中了日本全国工业企业和工业就业人数的2/3，工业区的总产值约占全国的3/4和国民经济收入的2/3，是日本经济最发达的地区。日本太平洋沿岸城市群聚集了日本较多的科研机构和高等院校，金融业较为发达，并分布着日本全国80%以上的教育、出版、信息和研究开发机构（肖金成，2009；杨焕彩，2006）。日本太平洋沿岸城市群发展特征见表3－3。

表3－3　　　　　　　　　日本太平洋沿岸城市群发展特征

城市群名称	城市群范围	城市群特征
日本太平洋沿岸城市群	日本太平洋沿岸城市群内部涵盖三个大型城市圈，	是以工业化带动城市化的发展模式进行发展。日本国土面积较小，同时资源极为有限，这一点在日本太平洋沿岸城市群表现尤为突出，在工业化建设过程中，形成了工业化带动城市化的发展模式进行发展，以基础设施建设为保障，各城市间形成上下游的产业链形式进行发展，在此基础上，各城市间形成了网络化的城市群结构

续表

城市群名称	城市群范围	城市群特征
日本太平洋沿岸城市群	分别是以东京和核心城市的东京城市圈、以大阪为核心城市的大阪城市圈和以名古屋为核心城市的名古屋城市圈	城市群内各城市间注重多产业协调发展。日本太平洋沿岸城市群分布着大中小不同等级的城市，各等级城市立足自身优势，在城市群范围内承担不同的产业发展和城市分工，城市与城市之间经济联系密切，城市群内部经济、交通、通信等一体化程度较高，带动了日本太平洋沿岸城市群整体发展（刘刚，2007） 城市群交通设施完善，立体交通已形成。便捷的交通为城市群内各等级城市的发展提供了联通外界的良好基础，特别是城市群内的高速公路建设与日本国内南北方向上的五大干线相互连接，从而在全国范围内形成了高密度公路网，另外，还有机场、新干线、地铁的建设和港口的独有优势条件，为城市群内各城市相互联系与与全球其他城市联系奠定了优良的交通条件（肖金成，2009；杨焕彩，2006）

3.1.4 英国伦敦—利物浦城市群

英国伦敦—利物浦城市群主要是由伦敦和利物浦两个城市组成了轴线，在此基础上，形成了大城市与中小城市的有机集合。城市群的面积较小，仅比日本太平洋沿岸城市群略大，面积为4.5万平方公里，但人口却占英国总人口的六成左右，也呈现出高密度的特征，经济总量约占全国的八成。但与其他几个世界级城市群相比，英国伦敦—利物浦城市群呈现"小而精"的特征，并没有与其他城市群一样，人口迅速聚集到城市中，而是出现了"逆城市化"的现象（周世锋，2010）。原因是在家用汽车的普遍运用下，大都市区人口并未在城市里迅速聚集，而是转移到小城镇中，在此背景下，小城镇得到了较为迅速地发展（刘彦华，2011）。而英国政府也非常支持发展这一现象，并积极出台相关政策率先将政府部门迁移至小城镇中，而企业和高校等也相应了这种做法，较为迅速地搬迁至小城镇中。但随着经济的发展，各城镇的功能也发生了较大变化，英国政府又提出了一些新的想法。2014 年 6 月，英国政府提出打造"北方动力中心"的设想。"北方"是指在 20 世纪上半叶出现过辉煌的英格兰北部的利兹、利物浦、曼彻斯特和谢菲尔德等几个工业城市。在之前发展的近 20 年中，这几个城市的 GDP 增速低于英国的全国平均水平。2014 年 7 月，英国城市发展委员会发布的题为《联接城市：通往增长的链条》报告提出"促进未来英国经济的发展，关键是依靠城市经济的发展，而城市集群发展形成规模效应，是发展城市经济的关键一步"（新华网，2015）。英国伦敦—利物浦城市群发展特征见表 3 - 4。

表 3 - 4　　　　　英国伦敦—利物浦城市群发展特征

城市群名称	城市群范围	城市群特征
英国伦敦—利物浦城市群	主要是由伦敦和利物浦两个城市组成了轴线，包括伯明翰和曼彻斯特等大城市和其他众多小城镇组成	城市群发展方式是注重"小而精"的发展。主要是通过政府规划，各个大城市形成城市功能间协调发展，相互间形成了较为紧密的合作；中小城市并没有追求城市扩张发展，而是注重"小而精"的发展，通过优先规划，注重市场的资源配置作用，从而确定各个中小城市的功能，与城市群内的核心城市协调发展 率先在城市群内出现了"逆城市化"现象。主要由于在家用汽车普及的基础上，形成了人口并未向大城市聚集，而是专向小城镇转移，加上政府的支持和行动，这一现象突出（周世锋，2010；刘彦华，2011；新华网，2015）

3.1.5　欧洲西北部城市群

欧洲西北部城市群是在世界六大城市群范围内除北美城市群外的另外一个跨国界城市群，主要位于大西洋东岸地区，城市群范围内水网密布，城市群内城市主要分布在莱茵河和塞纳河周围，核心城市是法国的巴黎和荷兰的阿姆斯特丹，城市群内部主要分为大巴黎地区、莱茵—鲁尔以及荷兰—比利时三个小区域。城市群的总面积较大,达到145万平方公里,城市群内10万人口以上有40个城市。欧洲西北部城市群的发展得益于早期的工业革命,欧洲西北部地区发展迅速,成为世界经济中心,与此同时,欧洲各国相继完成了工业化,巴黎、波恩等城市在此背景下发展迅速,成为世界工业制造中心。工业化的发展也加快了城市化的进程,各个国家在工业化与城市化发展过程中,形成了较为紧密的联系,在此基础上,区域内各城市间加强合作,形成了良好的区域协作体系,为后来的欧盟成立奠定了良好的基础。欧洲西北部城市群属于典型的多核心城市群,城市群内部的各个小区域也留下了当时发展的印记,如莱茵—鲁尔都市圈的发展是基于当时的工矿业发展起来的。区域内各城市的发展与大西洋邻近也有着密切关系,借助海运的发展增强了欧洲西北部城市群与世界各城市的联系(李娣,2015)。欧洲西北部城市群发展特征见表3-5。

表3-5   欧洲西北部城市群发展特征

城市群名称	城市群范围	城市群特征
欧洲西北部城市群	欧洲西北部城市群内部涵盖了三个小的分布区域,分别是巴黎及其周围组成的小区域、莱茵—鲁尔小区域、荷兰—比利时小区域,城市群内出现了双核心城市,巴黎和阿姆斯特丹	欧洲西北部城市群内部有较为完整的城市体系,大中小城市职能各异,城市群内各城市沿河流进行发展形成了城市连绵带,发展模式并不是以核心城市为中心进行发展。城市群内主导产业发展优势突出,产业专业化分工较好,依托天然的河流交通网络,各城市早期得到快速发展。城市间合作关系良好,形成了欧盟合作组织,对城市群总体认同度较高,有强烈的合作观念 城市群内注重创新的重要性。城市注重为高科技劳动者打造良好的创新环境,包括为高等院校和科技研发机构创造必要的发展条件,创造良好的宜居宜业的环境,吸引高科技技术人才入驻,形成重视创新、服务创新,为创新性企业提供资金保障和政策支持,吸引各种创新性企业的建立,从而形成一种浓厚的创新氛围,城市群内各城市之间形成创新性网络城市,促使城市群内创新型发展处于全球的领先地位,增强城市群的整体竞争力(李娣,2015)

3.1.6　长江三角洲城市群

长江三角洲城市群位于我国长江下游地区，是目前我国经济发展活力最强劲、对外开放程度最高、科技创新能力突出、人口城镇化水平位居全国前列的区域，同时具有位于"一带一路"与长江经济带两大国家发展战略重要交汇区域，是我国现代化建设、东部率先发展和全方位开放格局的重要区域。长江三角洲城市群涵盖范围位于上海市、江苏省、浙江省和安徽省三省一市区域范围内，城市群内部核心城市是上海市，并由若干数量城市组成，在国家主体功能区划分范围内，长江三角洲城市群属于国家优先开发和重点开发区域。根据 2016 年的《长江三角洲城市群发展规划》，长江三角洲城市群具体范围涵盖的城市包括上海市，江苏省的南京市、无锡市、常州市、苏州市、南通市、盐城市、扬州市、镇江市和泰州市 9 个城市，浙江省的杭州市、宁波市、嘉兴市、湖州市、绍兴市、金华市、舟山市、台州市 8 个城市，以及安徽省的合肥市、芜湖市、马鞍山市、铜陵市、安庆市、滁州市、池州市和宣城市，共 26 个城市，国土面积为 21.17 万平方公里（《长江三角洲城市群发展规划》，2016）。

长江三角洲城市群区位优势突出，交通便利，立体交通网络较为发达，港口分布众多，高速公路、高速铁路分布密集，具有广阔的经济腹地；从地形分布来看，长江三角洲城市群以平原地形分布为主，城市群内部水资源较为充沛，水系分布发达，内河航运条件较好，在良好的地理环境下，长江三角洲城市群城市经济社会发展改革开放后得到了较快发展。从已有发展条件下来看，长江三角洲城市群产业体系健全，产业集群度高。此外，在科教创新发展方面，分布高等院校数量较多，国家科技实验室与研究中心等科研机构众多，人力资源与科教资源丰富，在研发创新方面经费支出与专利数量约占全国总量的 1/3。此外，长江三角洲城市群国际化程度较高，以中国（上海）自由贸易试验区等为代表的对外开放平台建设不断推进，特别是 2018 年 11 月首届中国国际进口博览会在上海的召开具有重要意义。在首届中国国际进口博览会开幕式上，国家主席习近平发表主旨演讲时提出将支持长江三角洲区域一体化发展上升为国家战略。长江三角洲城市群城镇体系较为完备，超大城市、特大城市和大城市、中等城市、小城市类别分布齐全，城镇化水平较高，城市联系密切，尤其是城市群内部省市多层级、宽领域的沟通对话协商平台较为顺畅（长江三角洲城市群发展规划，2016）。但长江三角洲城市群发展过程中，城市群核心超大城市上海市的全球城市功能发展有限，与其他世界级城市群核心城市相比，总部经济发展较弱，而加工制造与服务业比重过高，并且公共资源集聚明显，城市拥挤效应严重，出现了一系列的交通拥堵、生态环境有所恶化等现象。在产业发展方面，也存在高附加值程度有限，高技术经济发展相对滞后等问题，城市发展质量与宜居宜业环境需要显著提升。在城市群内部城市间分工协作程度需要进一步引导与提高，在人均 GDP、地均 GDP 等指标上与世界级城市群相比仍存在很大差距（长江三角洲城市群发展规划，2016）。长江三角洲城市群外来人口市民化滞后严重，外来人口落户条件门槛较高，在城市建设方面长江三角洲城市群发展面临空间利用效率优先，无序蔓延现象突出。在城市群建设用地方面，国土开发强度整体超过日本太平洋沿岸城市群的规模，其中核心城市上海市的国土开发强度超过欧洲西北部城市群大巴黎和伦敦地区。在开发类型方面，开发区、工业园区和城市新城建设等占地面积过大，基本农田空间面积减缓加速，影响我国国土空间开发结构与效率。随着城市群开发与建设，生态环境质量有所恶化。这集中表现为生态空间和原有湿地面积有所减少，其中我国五大淡水湖泊中的太湖、巢湖分布在城市群内部，湖泊、近海岸水体中富营养化严重，经过近几年的治理，空气质量有所提升。但城市群内部城市生活垃圾和工业固体废弃物急剧增加，土壤复合污染加剧（长江三角洲城市群发展规划，2016）。

长江三角洲城市群在地方政府协同治理过程中创新发展城市群经济协调会，该协调会最初是 20 世纪 80 年代成立的上海经济区，地理分布范围是以上海河口为起点，延伸至周边 300 公里所形成的扇形区域。长江三角洲城市群经济协调会在发展过程中历经四次扩充吸纳新成员，截至目前已有 34 个城市涵盖在此范围内。长期演进之下，长江三角洲城市群的经济合作涵盖三个级别层面：第一个是副省（市）长级别的"沪苏浙经济合作与发展座谈会"；第二个是城市市长级别的"长江三角洲城市经济协调会"；第三个是长江三角洲各城市政府职能部门协调会。这三个级别层面的合作协调会中，第二个城市市长级别的长江三角洲城市经济协调会是最具实质性的一个工作会议（长江三角洲城市经济协调会，百度百科；谭穗，2017）。在发展过程中，城市经济协调会这一以经济为纽带的区域性经济合作组织，在城市群发展过程中起到了至关重要的作用，促进了长江三角洲城市群各城市群之间通力合作，协调好城市群内部各城市之间的良好关系，以促进城市群更好的发展。截止到 2018 年共举办了十八次长江三角洲城市经济协调会，主要内容如表 3 - 6 所示。

表3-6　　长江三角洲城市群城市经济协调会历次会议议题

协调会	年份	召开地点	会议议题
第十八次会议	2018年	衢州市	长江三角洲城市群发展主动对接国家"一带一路"和长江经济带发展战略，按照2016年《长江三角洲城市群发展规划》深化实施，加速推进长江三角洲城市群一体化发展，建设世界级城市群探讨。同意将安徽省的铜陵市、安庆市、池州会、宣城市四个城市作为新成员纳入到长江三角洲城市经济协调会
第十七次会议	2017年	淮安市	按照2016年《长江三角洲城市群发展规划》，探讨拓宽长江三角洲城市群合作领域，创新合作发展、完善城市群内部合作机制
第十六次会议	2016年	金华市	会议主题为"互联网＋长三角洲城市合作与发展"，继续推进城市群内部城市合作，成立创新创业和新能源汽车联盟，开展辖区海洋经济合作机制相关研究
第十五次会议	2015年	马鞍山市	会议以"适应新常态、把握新机遇——共推长三角城市新型城镇化"为主题。会议审议《长江三角洲城市经济协调会2014年度工作报告》、《长江三角洲城市经济协调会2014年度经费决算报告》等
第十四次会议	2014年	盐城市	会议以"新起点、新征程、新机遇——共推长三角城市转型升级"为议题，提出要加快长江三角洲城市群经济转型、提升城市群综合竞争力
第十三次会议	2013年	合肥市	会议以"长三角城市群一体化发展新红利——创新、绿色、融合"为议题。会议提出要充分发挥长江三角洲城市群内部拥有丰富的科研结构、高校和企业等资源，充分发挥他们在产学研中的重要作用，促进长江三角洲城市群区域创新体系的建立，并提出要推动长江三角洲城市群区域环境质量的提升，提高城市群生态安全；从城市群一体化建设着手，促进要素的自由流动，降低市场准入门槛，提高城市群整体开放水平与开放格局，着力将城市群打造成为具有重要影响力的都市圈。同意将安徽省的芜湖市等八个城市作为新成员纳入到长江三角洲城市经济协调会
第十二次会议	2012年	台州市	会议的主题为"陆海联动，共赢发展——长三角城市经济合作"。提出加强长江三角洲城市协调会办公室的日常协调和服务功能，加强协调会专家咨询委员会、城市合作中心两大重要机构开展相关工作

续表

协调会	年份	召开地点	会议议题
第十一次会议	2011 年	镇江市	会议以"高铁时代的长三角城市合作"为议题。此次会议是在高铁建设背景下探讨长江三角洲城市群各城市之间加强密切合作
第十次会议	2010 年	嘉兴市	会议以"用好世博机遇、放大世博效应,推进长三角城市群科学发展"为主题。批准深化长三角医疗保险、金融、会展等 3 个合作专题。在此次会议上通过会议更名为"长江三角洲城市经济协调会市长联席会议"
第九次会议	2009 年	湖州市	会议是在全球金融危机爆发的背景下,以"贯彻国务院关于进一步推动长江三角洲地区改革开放和经济社会发展的指导意见精神,共同应对金融危机,务实推进长三角城市合作"为主题,共同探讨在城市群内部各城市加强合作应对全球金融危机带来的影响
第八次会议	2007 年	常州市	会议以"落实沪苏浙主要领导座谈会精神,推进长三角协调发展"为主题,并就长江三角洲城市群建立与完善区域合作机制等问题进行了沟通与探讨
第七次会议	2006 年	泰州市	会议以"研究区域发展规划,提升长三角国际竞争力"为主题,研究长江三角洲城市群区域发展规划相关内容
第六次会议	2005 年	南通市	会议以"促进区域物流一体化,提升长三角综合竞争力"为主题,研究通过长三角协调会会徽
第五次会议	2004 年	上海市	会议以"完善协调机制,深化区域合作"为主题,讨论并通过了《长江三角洲城市经济协调会章程修正案》;签署《城市合作协议》。与会城市领导围绕会议主题和城市合作协议的有关事项发表了意见
第四次会议	2003 年	南京市	会议以"世博经济与长江三角洲联动发展"为主题,主要是上海市承办世博会为背景下,探讨长江三角洲城市群城市协调发展与联动发展。同意将浙江省的台州市作为新成员纳入到长江三角洲城市经济协调会
第三次会议	2001 年	绍兴市	会议提出以深化合作,完善长江三角洲城市经济协调会运作机制作为工作重点
第二次会议	1999 年	杭州市	会议确定在加强区域科技合作、国企改革和资产重组等方面开展专题研究
第一次会议	1997 年	扬州市	会议确定由旅游和商贸作为长江三角洲区域经济合作的先行方向。会议通过《长江三角洲城市经济协调会章程》

资料来源:长江三角洲城市经济协调会. 百度百科,2018;谭穗. 成渝城市群发展中地方政府协同的困境及化解研究［D］. 西南大学,2017.

3.2 世界级城市群发展实践与经验

3.2.1 积极推动城市群内产业分工合作与产业链构建

从世界级六大城市群发展历程来看，发展较为完善的城市群主要是基于内部有序的分工合作，城市间联系非常紧密，城市间相互合作态度坚决，内部协调组织机构较为完善。城市群内各城市间形成产业分工集聚，各城市都立足于自身的优势进行发展，注重自身的核心竞争力发展，我国城市群在发展过程中应积极学习国外成熟城市群内部较为有序的分工合作，分析自身现有的产业基础、技术条件，从城市群整体的角度确定有利于自身发展的产业定位，从而确立有利于城市群内各城市有差别的主导产业，充分发挥比较优势（周世锋，2010；李娣，2015）。

城市群内各城市形成有差别的主导产业，以及各城市在产业链上的不同价值环节对城市群内各城市实现产业分工和城市群内各产业协同发展具有重要作用。我国城市群在发展过程中以城市群内的产业分工为前提，在城市群内合理优化大城市或核心城市对中小城市的产业转移，构建城市群内部城际间的产业链，城市群内部各城市间要积极协调，在形成有差别的主导产业基础上，合理布局与优化组合，推动城市群内城际间产业链各环节与城市群内各城市的区域优势相匹配，在群内的各城市间形成专业化分工、产业融合与技术联动，从而提高城市群整体的产业集聚度和城市群产业一体化发展，从而提高城市群整体规模效益和形成城市群整体竞争优势，增强城市群在国家范围内，甚至是国际范围内的竞争力（周世锋，2010；李娣，2015）。

3.2.2　加快城市群一体化进程建设

从世界级六大城市群的发展经验来看，城市群的发展过程中必经城市群内部一体化的过程。在城市群发展初期阶段，要首先完善城市群内部交通体系的建设，包括高速公路、铁路、港口和机场的建设等，形成城市群立体交通，在发展过程中，还伴随着地下管网、通信线路、高压输电线等建设，为城市群与群外城市间联系也创造了良好的基础设施环境，各城市在较为便捷地立体交通建设下，能够充分发挥各自城市的比较优势，在城市群内形成各自效益最大化的分工，随着产业化分工以及核心城市向群内中小城市转移的过程中，既带来了中小城市的发展，又为城市群内核心城市更加聚集创新产业的发展创造了良好的条件，在城市群内的核心城市聚集以科研机构和高等院校为主要力量的高科技从业人员，同时也不断吸引以研发、销售等生产性服务业为主体的总部经济在城市群内核心城市中的聚集，在城市群中小城市内主要承担以生产、组装等主要业务，城市群内的较为完善的高级产业结构可以在此情况下形成，从而既避免了由于城市群内核心城市的高地价发展带来的企业总体外迁，又为城市群内中小城市的发展创造了良好的条件，借助于城市群便捷地交通，为城市群企业发展也创造了良好的发展环境（司林杰，2014）。

城市群发展与区域一体化程度进程的加快是相辅相成的。城市群的发展也要依靠政府的力量进行推动，在城市群整体规划和政府引导的产业发展方向中，各城市能够实现城市群内空间结构优化和产业联动，在此过程中，即实现了城市群的发展，又推动了区域一体化的发展。区域一体化程度的加深，能够有效破解城市群发展过程中的体制机制障碍，促进人才、资本等生产要素流动，形成区域范围内的资源配置帕累托最优，同时提高了城市群的整体竞争力，加快了城市群的建设发展（司林杰，2014；周世锋，2010；刘彦华，2011；李娣，2015）。

3.2.3 重视城市群内城际关系的影响

从世界级六大城市群发展历程中，可以明显看出城市群内部各城市都认识到良好的城际关系对城市发展是极为有利的。群内各城市分工协作意识明显，高度重视群内城际间合作与分工。同时，要充分认识和积极利用好城市群内、国内和国际三个区域的资源及市场，在城市群内部形成有利的分工合作基础上，在城市群内积极破除相互间的贸易壁垒，推动城市群内各城市间形成基础设施互通互联、资源高效配置，生产要素自由流动的联盟关系，促使城市群各城市形成利益共同体，提高城市群整体的竞争优势，实现城市群产业链的形成。借鉴国外城市群发展过程中在制度创新和体制改革方面的经验，突破行政隶属关系，构建城市群规划管理委员会或城市联合机构，建立完善的区域合作协调机制。制定统一的管理制度，在规划层面，以城市群整体利益最大化为导向，积极协调城市群内各城市间利益冲突，协调好各城市的发展与城市群总体目标一致，积极协调城市群内核心城市与其他城市的关系，核心城市要在发挥集聚效应的基础上，充分发挥扩散效应，为城市群内其他城市的发展创造有利条件，从而促进空间的有机发展。重视城市群范围内城市体系的建设，在大中小城市建设的基础上，要积极发展卫星城和小城镇的建设，合理规划各类城市规模，并对城市规模进行实时监测，促进城市群内形成有序合理的空间结构。积极完善城市群内的交通建设，为良好的城际关系创造条件，在城际轨道交通和高速公路为主框架，积极构建城市群"1 小时经济圈"，形成城市群内的同城效应，在以城际轨道交通和高速公路建设的基础上，促进人口、资本等生产要素的自由流动（周世锋，2010；李娣，2015）。

3.3　本　章　小　结

本章主要是选取了包括北美五大湖区城市群、美国东北部大西洋沿岸城市群、日本太平洋沿岸城市群、英国伦敦—利物浦城市群、欧洲西北部城市群和长江三角洲城市群在内的世界级六大城市群，着重对这六大城市群发展实践及特征进行了归纳总结，在此基础上，总结出城市群发展过程中需要重视城市群内城际关系会对城市发展产生的影响，要加快城市群一体化进程建设、重视城市群内产业分工和产业链的构建等启示。

第 4 章

武汉城市圈城际关系测度研究

本章主要是以武汉城市圈为例，按照第 2 章理论分析框架，对城市群内城际关系测度进行研究，研究思路主要是根据党的十八届五中全会提出的"创新、协调、绿色、开放、共享"五大发展理念构建城市发展质量评价指标体系，运用主成分法对城市群内各城市发展质量进行定量评价，在此基础上结合 Dendrinos – Sonis 模型，采用 SUR（Seemingly Unrelated Regression Estimation）方法对城市群内城际关系进行定量判定。

4.1　武汉城市圈概况

4.1.1　自然地理状况

地理位置：武汉城市圈位于湖北省东南部。武汉城市圈以省会武汉市为城市群核心城市，城市群类型属于典型的单核心城市群，以 100 公里左右为半径，主要是呈现出以武汉市为中心的放射状向外延伸分布，城市圈内的城市主要包括武汉市、黄石市、鄂州市、孝感市、黄冈市、咸宁市、仙桃市、天门市和潜江市九个城市，总面积达到为 58 052 平方公里（黄彧，2012）。

地形地势特征：武汉城市圈地处我国第三阶梯，地势起伏和缓，区域范围内主要以平原、低山丘陵和山地为主，其中，平原面积最大，占城市圈总体比例约 50%，低山丘陵和山地两种地形之和面积约占武汉城市圈总面积的 50%。武汉城市圈地势总体呈现出南北高，中间低的特征，中部及西部区域主要是以江汉平原为主，湖泊与水网密布，素有"鱼米之乡"的美誉，也是我国重要的商品粮基地。北部主要是分布着低山丘陵，大别山主要位于城市圈的东北部地区，南部主要是鄂东南的低山丘陵（黄彧，2012）。

气候条件：武汉城市圈属于典型的亚热带季风性气候，全年夏季炎热，冬季寒冷。日照时间较长，年均日照时数可达 2 000 小时左右，雨量也较为丰沛，年降水量可达 1 100 ~ 1 300 毫米，全年降水量主要集中在每年的 4 ~ 9 月，水热组合良好，为粮食等农作物的生长创造了有利的条件（黄彧，2012）。

土壤植被：武汉城市圈内河流冲积平原的面积较大，土壤以黄棕壤、红黄壤、水稻土和潮土为主，自然植被以亚热带季风性气候典型的常绿阔叶林、落叶阔叶混交林为典型代表，马尾松、栎树等植被在城市圈内也分布较为广泛（黄彧，2012）。

4.1.2　社会经济状况

武汉城市圈土地面积 58 052 平方公里，约占全省面积的

31.23%，2014 年常住人口 3 073.82 万人，占全省人口的 52.85%。武汉城市圈 2014 年共完成地区生产总值 17 265.15 亿元，占全省 63.06%，是湖北省经济实力最强的核心区域；其中第一、二、三产业产值分别占全省的 49.28%、65.93% 和 63.73%，人均地区生产总值为 56 047 元，与全省平均水平相比比重为 118.88%，地方财政一般预算收入 1 571.46 亿元，占全省比重为 61.22%；地方财政支出 2 343.72 亿元，占全省比重为 47.50；全社会固定资产投资 14 149.22 亿元，占全省比重为 56.59%；农村居民人均纯收入 10 093 元，城市居民人均可支配收入 27 264 元，分别占全省的比重为 93.03% 和 109.71%；社会消费品零售总额为 7 456.62 亿元，占全省比重为 63.16%；实际外商直接投资 62.5652 亿美元，占全省比重为 78.92%。入境旅游者人数达到 174.42 万人次，占全省比重为 62.95，国际旅游外汇收入达到 94 824.48 万美元，占全省比重为 76.53%，金融机构人民币存款达到 23 745.24 亿元，占全省比重为 64.89%，金融机构人民币贷款达到 18 210.65 亿元，占全省比重为 72.01%。武汉城市圈 2014 年主要经济指标见表 4 - 1。

城市圈内城际交通的建设。武汉城市圈随着城际间高速公路、城际轨道交通的建设，城市群内各城市间的时空距离相比武汉城市圈成立之初有了明显的大幅度提高，其中，在城际高速公路建设方面，以武汉市为大外环和环城市圈高速路行了城市圈高速公路的"两环"结构，形成了以武汉市为核心，向城市圈内其他八个城市扩散的"1 小时交通圈"逐渐形成，并在城市圈内形成了天潜仙、黄鄂黄两个区际环网，与武汉市出城高速公路连为一体（沈金华，2007）。至 2015 年底，武汉城市圈内已相继开通了武咸、武石和武冈等城际铁路，2015～2017 年间，将建设武汉至仙桃、潜江城际

表 4 - 1　武汉城市圈 2014 年主要经济指标

城市	土地面积（平方公里）	常住人口（万人）	地区生产总值（亿元）	第一产业（亿元）	第二产业（亿元）	第三产业（亿元）	人均地区生产总值（元）	全社会固定资产投资（亿元）	地方公共财政预算收入（亿元）	地方财政支出（亿元）	实际外商直接投资（万美元）	社会消费品零售总额（亿元）
武汉	8 494	1 033.8	10 069.48	350.06	4 785.66	4 933.76	97 962	6 962.53	1 101.02	1 175.1	485 755	4 369.32
黄石	4 583	244.92	1 218.56	105.03	723.45	390.08	49 796	1 149.5	89.38	152.97	55 000	514.08
鄂州	1 594	105.88	686.64	81.15	407.19	198.3	64 906	687.08	42.74	75.65	31 061	227.84
孝感	8 910	486.13	1 354.72	252.17	664.36	438.19	27 891	1 482.93	107.32	253.18	21 094	678.16
黄冈	17 446	626.25	1 477.15	375.12	586.1	515.93	23 607	1 657.59	96.04	344.66	8 689	701.26
咸宁	9 861	248.92	964.25	172.03	476.59	315.93	38 770	1 148.75	70.76	176.97	5 880	356.05
仙桃	2 538	118.49	552.27	83.96	295.99	172.32	46 984	374.73	24.16	59.56	8 971	230.85
潜江	2 004	95.44	540.22	68.07	316.86	155.29	56 662	369.34	22.69	51.27	5 390	148
天门	2 622	129.16	401.86	78.1	209.69	114.07	31 145	316.78	17.35	54.36	3 812	228.08
城市圈	58 052	3 073.82	17 265.15	1 565.69	8 465.89	7 233.57	56 047	14 149.22	1 571.46	2 343.72	625 652	7 456.62
湖北省	185 900	5 816	27 379.22	3 176.89	12 840.22	11 349.93	47 144.59	25 001.77	2 567	4 934	792 800	11 806.27
比重（%）	31.23	52.85	63.06	49.28	65.93	63.73	118.88	56.59	61.22	47.50	78.92	63.16

资料来源：《湖北省统计年鉴（2015）》。

铁路，全长 148.5 公里，设站 15 个；同期还将建设武汉至天门城际铁路，全长 116 公里，设站 10 个。根据《武汉城市圈区域发展规划（2013—2020 年）》，至 2017 年，计划分期建设武汉至黄石、鄂州、黄冈、咸宁、孝感、仙桃、潜江、天门 8 个城市的城际铁路专用线路，从而形成武汉城市圈轨道交通网。武汉城市圈的航空港是以武汉天河机场为主，加快建设武汉城市圈内各城市至天河机场的快速通道，从而使天河机场服务于武汉城市圈各城市，在水运方面，充分发展沿长江和汉江流域，积极将城市圈核心城市武汉打造成长江航运中心。

武汉城市圈的形成历程起始于 2002 年，在 2002 年 5 月，由武汉及其他八个城市的政府代表参加的经济协作发展座谈会在武汉召开，九市代表就经济协作发展的意义与方式进行了磋商并达成共识，明确了经济发展协作工作的任务与目标。该会议的举行被认为是武汉城市圈形成的标志。但武汉城市圈的正式提出是在 2002 年 6 月召开的中共湖北省第八次代表大会上，时任湖北省省委书记俞正声同志在提出的，在报告中明确提出"武汉市在提高综合竞争力的过程中，既要形成由比较优势的产业体系和现代化基础设施，也同时要拓展和进一步完善城市空间布局和功能分区，在此基础上形成武汉经济圈，从而更好地带动全省其他城市的发展，充分发挥好辐射带动作用"（余友明，2009）。由此可以看出，武汉城市圈在提出之初的构想是既要武汉市能够获得集聚效应的同时，也要发挥其自身的扩散效应，通过武汉城市圈的建设，武汉市能够建立完善的产业体系和便捷地交通基础设施，以及发挥其对省内其他城市的辐射带动作用，具有双重意义。

4.2 武汉城市圈城市发展质量测度

4.2.1 城市发展质量维度解析

基于党的十八届五中全会提出的"创新、协调、绿色、开放、共享"的发展理念，本书从城市发展的创新性、城市发展的协调性、城市绿色发展、城市发展的开放性和城市发展的共享性五个维度来对城市发展质量进行研究。

维度一：城市发展的创新性。创新（innovatoin）这一概念最早是由美籍奥地利经济学家熊彼特 1912 年提出，以"创新"来解释经济周期和经济发展，他认为创新表现在均衡的破坏，创新的过程是不断打破经济均衡的过程，经济发展的本质是创新。创新型城市的研究始于应对城市的衰退和适应全球化的发展，其根本是对城市治理模式的变革（杨冬梅，2006）。自 20 世纪 90 年代，波士顿、悉尼、鲁尔地区、赫尔辛基等城市相继开展"创新城市"战略。从已有的研究来看，创新型城市含义是指城市的创新活动成为城市发展的新模式和功能，是新产品、新方法、新市场的诞生地，并能利用创新来推动城市经济增长、产业升级和社会进步，利用创新来重组各类资源以提升城市的综合竞争力（胡晓辉，2011）。创新是一个国家、一个地区持续健康发展的强劲动力。就衡量城市创新的指标选取，研究者从不同视角对城市创新进行了研究，杰姆斯西米（James Simmie，2003）在对斯图加特、米兰、阿姆斯特丹、巴黎和伦敦等欧洲 5 个城市进行了创新型城市的实证研究，其成果发布在

Innovative Cities 一书中，认为城市创新主要源于内部范围效益、本地化经济、创新与城市化经济、全球化效应。杰夫福曼和波特（Jeffy L. Furman and Michael E. Poter，2002）认为创新基础设施、技术与技术群以及两者的链接质量共同决定一个国家的创新能力。我国学者对城市创新能力评价时构建的指标体系也较为广泛，代表性的有国家科技部创新型城市建设监测评判指标体系、中国科学院科技发展战略研究小组中国区域创新能力评判指标、中国科学院创新发展研究中心的区域创新能力评判指标等（方创琳，2014）。城市发展的创新性主要是指由于技术创新引领城市经济社会发展，主要体现在以知识人才为依托，以自主知识产权的新技术和新产品为着力点，以创新产业作为标志成为新的增长点，城市经济社会发展从物质投入的推动转向创新要素的推动（张红，2015）。在以往的研究中，对城市创新指标的选取中都较多认同科研投入与产出、教育投入、科研人员及生产率的提高等来表征城市创新性。从数据的可得性出发，本书选取科技从业人员比重、每万人在校大学生数、专利授权数量、高新技术产业增加值、科学技术占财政支出比重、研究与开发（R&D）经费占 GDP 比重、每万人拥有的互联网数、劳动生产率和全要素生产率 9 个指标来反映和衡量经济发展的创新性。

维度二：城市发展的协调性。城市发展的协调性主要从城市经济社会持续发展的能力，主要表现为城市系统内要素间数量及系统内要素的比例关系，包括产业结构、劳动力结构、城乡收入差距、城镇化率等内容，特别是产业结构及产业结构与就业结构之间的协调程度，在一定层面上决定了城市经济增长的方式和地区经济发展的均衡度（张红，2015）。城镇化率是国家和地区经济社会发展的重要程度，是对城乡统筹协调发展起着重要作用，本书将城镇化率纳入到城市发展的协调性中；城市发展协调性较好的地区经济结构越合理，经济结构的不协调会影响城市经济社会健康持续稳定发展，城市发展的协调性越高就越能带动城市发展质量的提高。产业结构是城市经济结构中最为重要的内容之一，三个产业中，第三产业的发达程度往往是衡量城市产业均衡度的重要标志之一，本书选取第三产业增加值比重来衡量城市产业结构的协调度；从劳动就业变化来衡量城市经济发展状况，也是衡量城市发展质量的重要指标之一，本书选用就业弹性系数值这一指标，就业弹性系数值越大，则表明吸收劳动力的能力就越强；与产业相对应的从业人员比例是否协调也是影响城市发展质量的另外一个重要标志，特别是在第二产业和第三产业中，因此本书采用非农产业偏离度来衡量产业结构与就业结构在总量上的均衡程度；我国目前的现状是二元结构较为突出，城乡差距也是城市发展中亟须解决的关键问题，缩小城乡差距也是各级政府及学术界较为关注的重要问题，城乡差距是影响城市发展质量协调性重要的指标，因此本书采用城乡居民人均可支配收入比来衡量城乡居民收入结构以及城乡差距。基于以上分析，本书选用城镇化率、第三产业增加值比重、就业弹性系数、非农产业偏离度和城乡居民人均可支配收入比来反映和衡量城市发展的协调性（张红，2015）。

维度三：城市绿色发展。2015 年 12 月 20 ~ 21 日，中央城市工作会议中提出"要转变城市的发展方式，进一步提高城市的治理能力和完善城市治理，要下大功夫和努力去解决交通拥挤等城市发展过程中的突出问题"，随着我国工业化的发展，以及城镇化进程加快，城市发展与资源、环境的协调性呈现出不协调的局面越来越显著（赵峥，2013）。在国家"十二五"规划中就已明确提出要提高城镇化质量水平，并提出了"绿色发展"的概念，城市发展不仅要经济发展，也要关注绿色发展，城市是生产空间，也是生活空间，建设宜居城市是每个城市市民的心愿。在发展经济过程中应大力发展绿色经济，绿色经济是生态文明时代经济的发展方向，绿色经济主要是指在污染物排放达标的基础上，促进了经济效率的提高。城市在发展经济过程中应不走过去"先污染后治理"的发展之路，不应以破坏生态环境为代价，而应该保护好现有的生态环境和修复破坏的生态环境，促使经济发展与资源持续利用、生态环境保护三者协调统一。习近平总书记提出"绿水青山就是金山银山"，资源的可持续利用和生态环境的保护也能够促进经济发展，使绿色经济城市经济发展中的新增长点。因此，就武汉城市圈而言，城市绿色发展意义更加重大，武汉城市圈是全国两型社会综合配套改革试验区，在城市绿色发展方面应该走在其他城市群的前面，为其他城市群绿色发展树立典范。在发展中尽可能减少经济活动对资源环境产生的破坏影响，实现城市公共福利与生活质量的提高（石敏俊，2013）。城市绿色发展涉及城市发展的众多领域，工业废水排放量、工业二氧化硫排放量反映城市发展中污染物排放状况，能够反映城市发展过程中环境遭到破坏的程度，空气质量是城市环境质量中最重要的指标数据，是城市居民最能直接感受到的生活环境，因此本书将空气质量指数值（AQI）这一指数值纳入城市绿色发展维度中作为一项重要指标。城市的绿化水平对建设宜居城市起着重要作用，通过城市绿化建设对有效吸收噪声、CO_2、SO_2 等污染物的排放所带来的不良后果具有重要作用，本书选用建成区绿化覆盖率和人均公园绿地面积两个指标来反映城市绿化程度；环境管理主要是反映政府对城市环境治理方面的重视程度，本书采用环境保护投资占 GDP 比重指标来反映城市的环境基础设施建设情况；资源利用效率用来反映城市因经济活动对资源能源的消耗情况，本书采用单位 GDP 能耗值来反映对资源的消耗水平；污水集中处理率、生活垃圾无害化处理率和工业固体废弃物综合利用率是反映城市对污染物处理能力。因此，本书选用工业废水排放量、工业二氧化硫排放量、空气质量指数值、单位 GDP 能耗值、建成区绿化覆盖率、人均公园绿地面积、污水集中处理率、生活垃圾无害化处理率、工业固体废弃物综合利用率、环境保护投资占 GDP 比重这十个指标来反映城市绿色发展。

维度四：城市发展的开放性。城市本身就是一个复杂开放的巨系统（周干峙，2002），城市开放性对城市发展质量起着重要作用，城市与外界环境在人员、物质、能量、信息及资金等各方面进行广泛的交流，城市的开放性主要体现在城市与外部存在广泛的联系（田井涛，2009）。

我国对外开放的力度和基础在近些年来发生了较大变化，但与此同时，国际经济发展和竞争格局也发生着深刻变化。我国已成为世界第二大经济体，但对外开放总体水平与在世界经济中的地位并不是完全匹配，因此，只有坚持对外开放，坚定不移地发展开放型经济才能更好地融入到世界经济体系中，才能有效应对未来的发展挑战。从国内来看，我国经济发展已进入了新常态的背景，经济增速换挡回落，经济发展在提质增效方面的任务更加紧迫，在此背景下，必须运用高水平开放推动高质量的发展，城市发展就更应在此背景下积极运用好国内、国外两个市场、两种资源，发展更高水平、更高层次的开放型经济，从而提高城市发展的开放性（任理轩，2015）。进出口总额占 GDP 比重和当年实际使用外资金额占 GDP 比重是体现城市对外经济贸易的重要指标，是体现城市开放型经济的重要表现；城市旅游开放度是城市开放性的另一个重要表现，采用入境旅游人数和国际旅游外汇收入两个指标来反映城市旅游开发度；人均邮电业务收入体现城市社会经济的现代化水平，更能反映除城市与外部区域进行联系的程度，能够很好地表征城市社会经济发展的开放性特征；客运总量与货运总量两个指标是从交通的角度反映与外部区域进行经济社会联系，体现出城市发展开放性程度。基于以上分析，本书选取进出口总额占 GDP 比重、当年实际使用外资金额占 GDP 比重、入境旅游者人数、国际旅游外汇收入、人均邮电业务收入、客运总量、货运总量七个指标来反映城市发展的开放性。

维度五：城市发展的共享性。共享发展理念是注重城市发展的公平性问题，实现群众共享城市发展成果是社会主义本质要求。城市发展的共享性是包括社会经济在内的城市发展的成果，带给城市居民整体生活水平、福利水平的显著性提高，和城乡居民生活质量、贫苦人口数量以及除满足最低需要外高层次需求支出水平的提高等方面，与此同时，城市发展过程中必须考虑经济发展分配问题，包含收入分配、社会福利分配、还应包括由于城镇化进程中城乡居民公共基础设施和公共资源共享、服务设施配置等方面（张红，2015）。从城市经济发展角度而言，城市居民收入和消费水平若没有与经济发展水平相匹配，城市发展质量程度就并不高，而城市发展过程中整体福利水平提高、收入与消费水平提高、就业状况的明显改善，公共服务资源共享性提高对城市发展质量具有明显的抬升作用，真正实现"城市让生活更美好"，做到人民共享城市发展成果（覃成林，2008）。基于此，本书从数据可得性出发，选用人均 GDP、恩格尔系数、社会保险覆盖率、城镇登记失业率、人均城镇住房面积、城镇人均消费性支出、每千人拥有卫生技术人员数、教育支出占财政支出比重、百人拥有公共图书馆藏书量这九个指标来反映城市发展共享性。

4.2.2　城市发展质量指标体系的构建

根据在第 2 章中建立的城市发展质量的理论分析框架，综合使用理论分析法和频度分析法等方法选取具体的评价指标，最终得到"城市发展创新性—城市发展协调性—城市绿色发展—城市发展的开放性—城市发展的共享性"五个维度共 40 项基础指标，从而构建了武汉城市圈城市发展质量评价指标体系，选择采用主成分分析法作为主要测度方法对武汉城市圈城市发展质量进行测度。指标体系的构建是表征测度对象各方面及其相互联系的多个指标所构成的具有内在结构的有机整体，在构建指标体系时应遵循以下原则：

（1）系统性原则。城市自身就是一个典型的复杂系统，对城市发展质量评价指标体系的建立应考虑城市本身的系统性特征，在构建指标体系不仅要考虑城市的经济发展、社会进步、生态环境和民生改善等各方面，更应从现实状况着手，本书以党的十八大五中全会确立的"创新、协调、绿色、开放、共享"理念为指导，以"城市发展创新性—城市发展协调性—城市绿色发展—城市发展开放性—城市发展共享性"五个维度来构建城市发展评价指标体系，从这五个维度来表征城市发展具有的系统性特征。

（2）科学性原则。城市发展质量评价指标体系的构建应根据所研究区域城市群地区的实际情况，较为客观地反映城市群内部城市发展的真实情况。在指标的选取过程中指标数量既不能过多也不能选取得过少，指标选取得过多可能会造成指标间相互重叠的情况出现，而选取的指标过少则会出现相关信息的遗漏情况。城市发展过程中具有时效性特征，城市发展会随着时间变化发生改变，城市发展质量内涵涉及的方面也较为广泛，影响城市发展的各种因素和现象及其数量化后的数据在某种程度上都能够反映城市发展在某一时间节点上的水平和状态，因此，在构建指标体系过程中选用哪些指标能够在最大程度上反映和体现城市发展水平和质量是需要认真考虑的，在构建指标体系中，指标的选取要最大化反映城市发展质量，某些同类指标可以进行初筛选和综合，最大程度表征出所反映城市某方面发展的信息，在指标选取中要充分体现科学性和典型性的原则。

（3）可操作性原则。构建城市发展质量评价指标体系的过程中，所有指标都应是量化的指标，要通过数据表现出来，在选用的指标中常常会遇到在年鉴数据中和实际调研中都无法获取量化的指标来体现，从而这种类型的指标就应排除在指标体系考虑构建考虑的范围内，代替的可行性方法是选用较为相似的指标来代替，指标体系中不应选择过于抽象而无法量化的指标，对于现阶段无法测定的指标都应排除。另外，构建的指标中还可以通过二次处理，用相关的数学方法将直接指标换算成间接指标来更好地反映城市发展的某方面特征，在构建指标体系中要充分考虑可操作性（张红，2015）。与此同时，由于有些指标的统计随时间变化可能会发生改变，在选用时也要充分考虑。要考虑选用指标的含义、统计口径和适用范围对各城市必须保持一致，做到能够可比较和可操作。

通过以上对城市发展质量评价的五个维度解析和指标体系的构建原则，建立了城市发展质量评价指标体系，具体见表4-2。

表 4 - 2　　　　　　　　城市发展质量评价指标体系

分维度 指标	基础指标	单位	指标 属性
城市发展 创新性	科技从业人员比重（X11）	%	正指标
	每万人在校大学生数（X12）	人	正指标
	专利授权数量（X13）	项	正指标
	高新技术产业增加值（X14）	元	正指标
	科学技术支出占财政支出比重（X15）	%	正指标
	研究与开发（R&D）经费占 GDP 比重（X16）	%	正指标
	每万人拥有的互联网数（X17）	户	正指标
	劳动生产率（X18）	元/人	正指标
	全要素生产率（X19）	–	正指标
城市发展 协调性	城镇化率（X21）	%	正指标
	第三产业增加值比重（X22）	%	正指标
	就业弹性系数（X23）	%	正指标
	非农产业偏离度（X24）	–	逆指标
	城乡居民人均可支配收入比（X25）	%	逆指标
城市绿色 发展	工业废水排放量（X31）	万吨	逆指标
	工业二氧化硫排放量（X32）	万吨	逆指标
	单位地区生产总值能耗（X33）	吨标准 煤/万元	逆指标
	空气质量指数值（AQI）（X34）	–	逆指标
	建成区绿化覆盖率（X35）	%	正指标
	污水集中处理率（X36）	%	正指标
	人均公园绿地面积（X37）	m²	正指标
	生活垃圾无害化处理率（X38）	%	正指标
	工业固体废弃物综合利用率（X39）	%	正指标
	环境保护投资占 GDP 比重（X40）	%	正指标

分维度 指标	基础指标	单位	指标 属性
城市发展 开放性	进出口总额占 GDP 比重（X41）	%	正指标
	当年实际使用外资金额占 GDP 比重（X42）	%	正指标
	入境旅游者人数（X43）	万人次	正指标
	国际旅游外汇收入（X44）	万美元	正指标
	人均邮电业务量（X45）	元	正指标
	客运总量（X46）	万人	正指标
	货运总量（X47）	万吨	正指标
城市发展 共享性	人均 GDP（X51）	元	正指标
	恩格尔系数（X52）	%	逆指标
	社会保险覆盖率（X53）	%	正指标
	城镇登记失业率（X54）	%	逆指标
	人均城镇住房面积（X55）	m^2/人	正指标
	城镇人均消费性支出（X56）	元	正指标
	人均拥有卫生技术人员数（X57）	人	正指标
	教育支出占财政支出比重（X58）	%	正指标
	万人拥有公共图书馆藏书量（X59）	册	正指标

4.2.3 测度方法的比较与选择

（1）测度方法的选择。

对城市发展质量各维度的具体变化情况根据实际需要应选用主成分分析的方法。在指标权重的确定上，主要存在三种赋值方法：主观赋权重方法、客观赋权重方法，以及主客观相结合的赋权重方法。主成分分析方法是属于客观赋权重方法，其权重的确立主要是根据数据本身的特征而确定的，不受主观人为因素的干扰，采用主成分分析法确立的权重可以反映城市发展质量各个维度的变化情况。由于主成分分析过程中的降维处理技术可以较好地解决多指标评价的要求，本书借鉴杨永恒、胡鞍钢、张宁（2005）的人类发展指数替代技术与钞小静、任保平（2011）、张红（2015）的经济增长质量指数、周江燕（2014）城乡发展一体化指数测算中运用的两步主成分分析法，不仅可以测度城市发展质量综合指数值，还可以测度城市发展质量分维度指数值。本书采用两步全局主成分分析法来测度城市发展质量水平的具体步骤是：首先以城市发展质量分维度中各项指标在经过处理后的数据作为原始数据输入主成分分析方法中，确定各项基础指标的权重来合成分维度指数值，然后再以分维度指数值输入主成分分析方法中，得到城市发展质量五个分维度的权重及合成城市发展质量综合指数值。

（2）主成分分析技术处理。

第一，逆向指标正向化。城市发展质量评价指标体系中包含逆向指标和正向指标，可以采用倒数法将逆向指标正向化处理（周江燕，2014）。

第二，无量纲化处理。量纲和量级上的差异，导致指标体系中的相关指标不可能直接进行综合处理，而直接采用原始测度指标，则必然导致主成分权重比例的过大，这对于最终指标的有效性显然是非常不利的，所以无纲量化处理就成为使用原始数据指标的重要前提。本研究中集中应用了均值法完成这一工作，不仅有效地完成了无量纲化处理，同时也会保留原始数据中的信息（周江燕，2014）。

第三，特征向量方向确定。具体计算过程中，本书中所应用的协方差矩阵中，所有的特征根本身都是由两个对应的特征向量所构成的，而特征向量的选择，对于主成分法所得出的结果所具有的影响意义不言而喻。本研究中集中应用了最优/最劣样本法来保证特征向量提取的有效性。首先,选择指标最优值来构成一个完整的最优样本,然后按照同样方法构造一个最劣样本;然后,通过特征向量提取来获得两个样本的主成分值,并对两者进行对比,按照结果来确定特征向量的方向(周江燕,2014)。

第四,主成分个数选取。平衡主成分变量和主成分方差累计贡献率是完成这一步骤的核心工作。提取的主成分个数较少,对于计算量的降低显然是有着积极意义的,而如果提取的主成分个数较多,则能够更好地保证计算结果的精度。通常情况下我们一般采用如下几种方法完成主成分提取工作:①判断累计方差贡献率 $Q_m \geqslant$ 85%是否成立,按照当前世界范围内的相关研究成果提出的结论可知,如果累计方差贡献率 $Q_m \geqslant 85\%$ 的话,那么样本的排序的稳定性一般都是可以保证的。②根据 $\lambda_i > \bar{\lambda}$ 是否成立来进行判定。这里我们首先要完成特征根均值 $\bar{\lambda}$ 的计算工作,然后以此为基础完成 $\lambda_i > \bar{\lambda}$ 的前 k 个主成分的选取工作,根据这一结果来判定排序的稳定。③通过第一主成分的选择来进行综合评价。本书研究中集中应用了第①种方法判定主成分提取数量(周江燕,2014)。

4.2.4 武汉城市圈城市发展质量测度结果及分析

本书采用的基础数据来源于 2004～2015 年的《湖北统计年鉴》《中国城市统计年鉴》《中国区域经济统计年鉴》《武汉统计年鉴》《黄石统计年鉴》《鄂州统计年鉴》《孝感统计年鉴》《黄冈统计年鉴》《咸宁统计年鉴》《仙桃统计年鉴》《天门统计年鉴》《潜江统计年鉴》以及《湖北省环境统计公报》等,部分指标值需在相关统计数据基础上依据相关计算所得,部分缺失数据则通过互联网进行搜寻,若在此基础上还是处于缺失状态,采用插值法进行补缺。

在将 2003～2014 年武汉城市圈城市发展质量各指标数据进行
预处理后，将所得数据基于协方差的处理方法，按照主成分方差贡
献率大于85%的要求，采用前面章节已详细介绍的主成分分析法及
其权重计算方法，分别得到各指标权重值、各维度权重及各维度指
数值，具体结果分别见表4-3、表4-4和表4-5。

表4-3　　　　　　　　　　指标体系各指标的权重

分维度指标	基础指标	指标权重
城市发展 创新性	科技从业人员比重（X11）	0.3197
	每万人在校大学生数（X12）	0.3583
	专利授权数量（X13）	0.3997
	高新技术产业增加值（X14）	0.3991
	科学技术支出占财政支出比重（X15）	0.3058
	研究与开发（R&D）经费占 GDP 比重（X16）	0.2533
	每万人拥有的互联网数（X17）	0.3980
	劳动生产率（X18）	0.3612
	全要素生产率（X19）	-0.0617
城市发展 协调性	城镇化率（X21）	0.6564
	第三产业增加值比重（X22）	0.6563
	就业弹性系数（X23）	-0.2851
	非农产业偏离度（X24）	-0.2360
	城乡居民人均可支配收入比（X25）	0.0380
城市绿色发展	工业废水排放量（X31）	-0.4312
	工业二氧化硫排放量（X32）	-0.4279
	单位地区生产总值能耗（X33）	-0.0443
	空气质量指数值（AQI）（X34）	0.3127
	建成区绿化覆盖率（X35）	0.2440
	污水集中处理率（X36）	0.2575

分维度指标	基础指标	指标权重
城市绿色发展	人均公园绿地面积（X37）	0.3928
	生活垃圾无害化处理率（X38）	0.2993
	工业固体废弃物综合利用率（X39）	0.1127
	环境保护投资占 GDP 比重（X40）	0.3859
城市发展开放性	进出口总额占 GDP 比重（X41）	0.4123
	当年实际使用外资金额占 GDP 比重（X42）	0.4032
	入境旅游者人数（X43）	0.2384
	国际旅游外汇收入（X44）	0.3239
城市发展开放性	人均邮电业务量（X45）	0.4036
	客运总量（X46）	0.3974
	货运总量（X47）	0.4299
城市发展共享性	人均 GDP（X51）	0.4769
	恩格尔系数（X52）	0.0934
	社会保险覆盖率（X53）	0.3304
	城镇登记失业率（X54）	0.1349
	人均城镇住房面积（X55）	0.2112
	城镇人均消费性支出（X56）	0.4644
	人均拥有卫生技术人员数（X57）	0.4459
	教育支出占财政支出比重（X58）	0.0969
	万人拥有公共图书馆藏书量（X59）	0.4099

表 4-4 　　　　　　　　　　各维度权重

维度指数	城市发展创新性	城市发展协调性	城市绿色发展	城市发展开放性	城市发展共享性
指数权重	0.4760	0.3841	0.4531	0.4540	0.4631

表 4 - 5　2003 ~ 2014 年武汉城市圈城市发展质量各维度指数值

年份	城市圈城市发展综合指数值	城市发展创新性指数值	城市发展协调性指数值	城市绿色发展指数值	城市发展开放性指数值	城市发展共享性指数值
2003	0.3765	0.2469	0.1881	-0.1752	0.3113	0.1199
2004	0.4128	0.2857	0.2356	-0.1655	0.3078	0.1963
2005	0.4596	0.3054	0.2962	-0.1707	0.3296	0.2470
2006	0.5026	0.2735	0.2278	-0.0931	0.3475	0.2768
2007	0.6042	0.3855	0.3535	0.0178	0.3510	0.3473
2008	0.6871	0.3712	0.4543	0.0187	0.3509	0.3996
2009	0.7395	0.4129	0.4294	0.0099	0.3652	0.4678
2010	0.7976	0.4519	0.4839	0.0295	0.3480	0.5439
2011	0.9715	0.5657	0.5317	0.0717	0.3632	0.6490
2012	1.1172	0.6420	0.5349	0.1533	0.4034	0.7633
2013	1.2451	0.7150	0.5610	0.2238	0.4263	0.8514
2014	1.2750	0.6822	0.5986	0.2374	0.4495	0.8823

从表 4 - 5 中可以得知，在研究时段内的 2003 ~ 2014 年，武汉城市圈城市发展综合指数值呈现出逐年增长的趋势，综合指数值从 2003 年的 0.3765 增长到 2014 年的 1.2750，增长了 3.3864 倍，研究结果表明 2003 ~ 2014 年武汉城市圈的城市发展质量越来越好，这与武汉城市圈自身的发展密切相关，特别是在中部崛起、武汉城市圈"资源节约型、环境友好型"两型社会建设的背景下具有较强的相关性，在一定程度上促进了武汉城市圈整体的发展。

从城市发展质量的五个维度指数值可以看出，城市发展创新性指数、城市发展协调性指数、城市绿色发展指数、城市发展开放性指数和城市发展共享性指数值的变化总体趋势都是呈现出增长的趋势。从表 4 - 4 中可以看出，城市发展创新性的权重最大，为

0.4760，其次为城市发展共享性，为 0.4631，城市发展开放性及城市绿色发展的权重较为接近，分别为 0.4540 和 0.4531，城市发展协调性的权重值最小，为 0.3841。可以看出，城市发展创新性对于城市发展质量而言重要性最大。党的十八大明确提出要将科技创新放在国家发展全局中的核心位置，并且明确提出要坚定不移地走自主创新之路，实施创新驱动的发展战略。城市是聚集智慧、推动创新的必要载体，在城市发展创新性维度中，各基础指标的权重数值都较为接近，都在 0.3 左右，城市的创新性对于城市发展的重要性不言而喻，在未来的发展中，城市越具有创新发展的潜力和行动力，就越能带动城市向前发展，特别是在新常态下，城市经济发展方式从规模速度型粗放增长转向质量效率型集约增长，创新驱动城市发展的内在动力，对提高城市发展竞争力具有较大的促进作用。在城市发展创新性中，全要素生产率的权重值为 −0.0617，表明全要素生产率在研究时段 2003～2014 年内对武汉城市圈内各城市发展并未起到推动作用。2015 年 3 月 7 日李克强总理首次在其工作报告中指出"提高全要素生产率"，这将推动中国经济由投入型增长转向效率型增长。提高全要素生产率，也就是提高要素的创新产出率，因此，在今后的发展中，武汉城市圈更应落实创新驱动战略，提高资源配置效率，更加促进科技进步对城市经济发展的贡献率，改变过去的粗放型发展路径，从而提高城市发展的创新性。

城市发展协调性维度中，城镇化率和第三产业增加值比重这两个基础指标的权重分别为 0.6564 和 0.6563，较为接近，新型城镇化对城乡发展一体化建设、消除城乡社会经济"二元结构"具有巨大的促进作用，随着新型城镇化的发展，可以进一步推动农业生产效率的提高，增加农民的收入水平。随着农村富余劳动力和农村人口逐步向城镇转移，进入城市中的剩余劳动力将大部分进入到第三产业，城市第三产业增加值比重越高，越能吸收剩余劳动力，对于城市发展就越有利。第三产业的发展水平是衡量城市经济发展水平的重要标志之一，对于城市经济的增长，增加就业，提高城乡居民生活水平都起着巨大的推动作用。从统计数据来看，武汉城市圈内各城市的城乡居民人均可支配收入比总体有减小的趋势，但对于城市发展协调性而言，城乡居民人均可支配收入比起着重要的作用，权重数值达到0.038，在城市发展协调性中，城乡居民人均可支配收入比需要在一个可控的范围内，根据国家统计局数据，近年来我国基尼系数在0.4～0.5之间，按照联合国有关组织规定处于收入差距较大的阶段，协调城乡居民收入差距的任务艰巨，但对于城市发展质量而言却意义巨大。就业弹性系数和非农产业偏离度两个基础指标的权重分别为 -0.2851 和 -0.236，就业弹性系数值为负表明武汉城市圈各城市随着地区国内生产总值的增长并未能显著的带动就业人数的增长，在一定程度上阻碍了城市发展质量的提高，这与近些年来产业结构调整、国有企业股份制改革重组带来的失业人数增加有一定关系；非农产业偏离度的权重值为 -0.236，表明武汉城市圈第二、第三产业与其对应的就业结构在总量上表现出了不均衡性，这对城市发展协调性产生了一定的负向作用，在数据统计上，武汉城市圈各城市非农产业偏离度数值为正值，表现出只有通过吸纳更多的劳动力才能促进产业结构与就业结构间两者达到均衡的状态（张红，2015）。

城市绿色发展指数值中，在研究时段2003～2006年，绿色发展指数值为负数，表明在此阶段，城市绿色发展对城市发展质量的提升具有一定的阻碍作用，2007～2014年绿色发展指数值转为正向，表明此阶段城市绿色发展对城市发展质量的提升转变具有正向推动作用，这与武汉城市圈2007年底被批准建设"资源节约型、环境友好型"两型社会具有一定的关系。武汉城市圈加大对资源环境的保护和治理力度。城市绿色发展维度中，工业废水排放量、工业二氧化硫排放量和单位地区生产总值能耗值的权重都为负，表明在城市发展质量中，这三项基础指标对城市绿色发展具有负向阻碍作用，在城市发展中要坚决摒弃"先污染后治理"的老路，坚定绿色发展的道路，对城市发展中产生的污染物一方面要依靠科技进步对污染物经过有效处理再进行排放，同时淘汰落后产能，加大对直接影响城市居民健康生活的大气、水、土壤污染进行整治，共同维护好城市的生态环境。而单位地区生产总值能耗值的权重为负数，表明在武汉城市圈内城市发展过程中，各城市经济发展对能源的依赖程度较大。其他的基础指标如空气质量指数值、建成区绿化覆盖率、污水集中处理率、人均公园绿地面积、生活垃圾无害化处理率、工业固体废弃物综合利用率和环境保护投资占 GDP 比重的权重都为正值，表明这些基础指标对城市绿色发展具有重要的推动作用，有利于对城市生态环境的保护和治理。城市绿色发展既要实现集约高效，也要实现适度，更要实现山清水秀，在城市发展中要注重对环境的保护，在发展经济时走绿色经济的发展道路，从而提高城市发展的质量和水平。城市绿色发展是生态文明发展模式之一，在武汉城市圈各城市发展中，要加大对大气、水、土壤污染物排放的治理，同时加大环保投入，继续在武汉城市圈内部各城市发展中坚定"资源节约型、环境友好型"社会的建设之路，为全国两型社会的发展提供示范作用，真正做到在绿色发展上下功夫，起到成效，从而提高城市圈内城市发展质量。

在城市发展开放性中，各基础指标权重都为正值，在城市发展过程中每个城市都不是孤立的，都需要与外界进行广泛的联系，进出口总额占 GDP 比重的权重为 0.4123，表明城市与外界商贸交往的越紧密，对城市发展就越有促进作用。当年实际使用外资金额占GDP比重的权重为0.4032，实际使用外资金额体现了城市外资利用水平，更好地吸引外资投资城市的发展，对提高城市质量具有重要的推动作用。入境旅游者人数和国际旅游外汇收入两个基础指标的权重分别为0.2384和0.3239，旅游既是城市的软实力体现，可以体现城市的文化传载功能，又是城市硬实力的体现，从世界旅游组织发布的相关统计数据表明早在20世纪90年代，旅游业就已成为世界第一大产业并一直持续到现在。旅游业本身产业综合性强，关联度大，产业链长，有利于拉动消费需求和提供大量就业机会，并且本身具有绿色环保性，对于城市发展开放性而言具有突出促进作用，能够带动城市发展质量的提高。人均邮电业务量是体现城市经济社会现代化水平及城市与外界进行联系的指标，其权重值达到0.4036。客运总量和货运总量两个指标能较为直接反映城市与外界联系时的人流、物流状况，发展的状况好坏能够较为直接体现城市发展的外向性状况，两个指标的权重值分别为0.3974和0.4299，这也表明城市发展必须在交通基础设施上极大力度，促进人流、物流的集聚，对城市发展具有促进作用。

在城市发展共享性维度中，人均GDP这一基础指标的权重数值在维度中最大，为0.4769，这表明城市发展中人均GDP的增长对城市发展具有重要的推动作用，城市发展的本源是全民共享城市发展成果，而人均GDP的增长是体现城市发展中居民收入的增加。恩格尔系数的权重数值为0.0934，权重数值在维度中较小，我国恩格尔系数值近年来在30%～40%之间变动，随着城市的发展，恩格尔系数将会进一步降低，恩格尔系数的降低是体现城市发展共享性。社会保险覆盖率的指标权重为0.3304，根据《中国社会保险发展年度报告2014》中的数据显示，截至2014年底，全国职工和城乡居民基本养老保险参保人数已达到 8.42 亿人，职工和城乡居民基本养老保险总体覆盖率已到 80% 左右。社会保险覆盖率体现城市发展成果全面共享，在今后的城市发展中，应进一步提高社会保险覆盖率。城镇登记失业率的权重指数为 0.1349，在城市发展中，城镇登记失业率的降低对城市发展共享性会有一定的促进作用。随着城镇化的发展，人均城镇住房面积的提高，城镇人均消费性支出、人均拥有卫生技术人员数、教育支出占财政支出比重和万人拥有公共图书馆藏书量都体现出城市的发展带给居民的好处，住房条件的改善，公共基础设施的城镇居民共享，特别是随着城市的发展，教育支出的提高改善了教育的软硬件条件，卫生技术人员的增加和公共图书馆藏书资源的增加，都为城镇居民直接享受到因城市发展而带来的成果，城市本身的发展目的就是实现全民共享，"十三五"时期，坚持城市发展成果全民共享，增加与城市居民密切相关的包括基础设施、文化建设在内的软硬件建设，让全面小康的成果惠及全体城镇居民。

根据上述指标处理与权重确定后，计算出 2003～2014 年武汉城市圈各城市发展质量综合指数值的结果，具体结果见表 4-6 和图 4-1。

表 4-6　　2003～2014 年武汉城市圈城市发展质量综合指数值

城市名称	2003 年	2004 年	2005 年	2006 年	2007 年	2008 年
武汉市	1.9205	2.0793	2.2318	2.2476	2.4927	2.7252
黄石市	0.7130	0.7740	0.7491	0.9008	0.8742	1.0180
鄂州市	0.3976	0.5311	0.6075	0.6111	0.7619	0.6914
孝感市	0.0675	0.0539	0.0551	0.0452	0.1803	0.2638
黄冈市	0.0717	0.0353	0.0067	0.0066	0.1948	0.2659
咸宁市	0.0705	0.1017	0.1995	0.2539	0.3834	0.4184

续表

城市名称	2003 年	2004 年	2005 年	2006 年	2007 年	2008 年
仙桃市	0.0501	0.0473	0.0507	0.1310	0.2051	0.2489
潜江市	0.0260	0.0564	0.1224	0.1894	0.2378	0.3353
天门市	0.0719	0.0368	0.1141	0.1381	0.1078	0.2174
城市名称	2009 年	2010 年	2011 年	2012 年	2013 年	2014 年
武汉市	2.7924	2.8501	3.2436	3.5322	3.7902	3.7753
黄石市	1.1004	1.1116	1.2924	1.3412	1.4518	1.5079
鄂州市	0.7486	0.8702	0.9789	1.0342	1.1293	1.1322
孝感市	0.3207	0.3207	0.5221	0.8205	0.8866	0.9127
黄冈市	0.2797	0.2388	0.3875	0.4778	0.6462	0.7006
咸宁市	0.4848	0.5956	0.8384	1.0223	1.1399	1.2167
仙桃市	0.3646	0.3504	0.4980	0.6866	0.7502	0.8030
潜江市	0.2795	0.5349	0.6447	0.6756	0.8352	0.8489
天门市	0.2846	0.3062	0.3384	0.4647	0.5766	0.5777

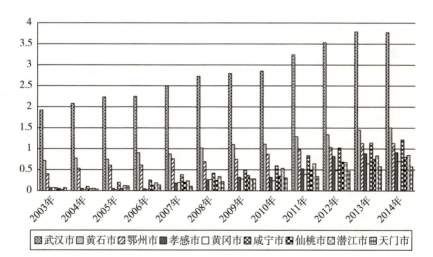

图 4 - 1　2003 ~ 2014 年武汉城市圈城市发展质量综合指数值

从表4－6和图4－1中可知，从研究时段2003年开始，随着时间的增长，武汉城市圈各城市的发展质量综合指数值总体上都呈现出逐年增加的趋势。武汉市的发展质量指数值大幅度领先于其他城市，从2003年的1.9205增长到2014年的3.7753，从研究时段各年的平均值来看，远高于其他各个城市的发展质量指数值，黄石市的城市发展质量指数值仅次于武汉市，这也验证了黄石市是武汉城市圈的副中心城市地位，在发展上虽然与武汉市相比有较大差距，但与圈内其他城市相比，黄石市城市发展质量仍具有一定的领先优势。鄂州市在武汉城市圈内的城市发展质量总体上排在第三位，但在2013年被咸宁市超过，咸宁市是除武汉市外在研究期内增长幅度最大的城市，特别是在2010年增长较为明显。而孝感市在2011年开始增长的幅度超过之前各年份的增长幅度，在省直管市中，潜江市的城市发展质量较仙桃和天门市要略好，在2010年表现出较大的增长幅度，从2009年的0.2795增长到2010年的0.5349，并一直持续到2014年，仙桃市的城市发展质量在2012年有一个质的飞跃，从2011年的0.498增加到2012年的0.6866，天门市是武汉城市圈内各城市中城市发展质量值最低，与武汉城市圈内其他城市发展质量差距有所拉大，在综合发展质量上，天门市要着重提升城市的发展内涵，同时提高对外开放水平，坚持以"创新、协调、绿色、开放、共享"五大理念为指导，提升城市发展质量。

4.3　武汉城市圈城际关系测度结果

武汉城市圈城际关系的测度方法在理论分析框架中已经做过详

细介绍，因此在本节内容中不再赘述。仅列出城际关系的判定准则（周密，2012）：当判定系数为正表示自变量城市所占发展质量比重的增加会带动因变量城市所占发展质量比重的增加，即前者与后者是合作关系；反之，当判定系数为负表示自变量城市所占发展质量比重的增加会抑制因变量城市所占发展质量比重的增加，即两城市为竞争关系。需要在此特别说明的是，两个城市的关系并不一定是对称的关系，即系数 a_{jk} 与 a_{kj} 不一定相等，甚至连符号也不一定相同。当城市 j 从城市 k 的发展中获得利益时，城市 k 并不一定能从城市 j 的发展中获得好处。比如城市 k 在加大自己城市基础设施建设过程时一方面能带动自身城市的经济增长，另一方面需要从其他城市 j 采购硬件设备等，从而城市 k 的经济增长就带动了城市 j 的经济增长，a_{jk} 就大于 0；但当城市 k 和 j 具有较为明显的竞争关系，城市 j 的经济增长对城市 k 的作用就较为有限，甚至是出现阻碍作用，此时 a_{kj} 会小于 a_{jk}，甚至是出现小于 0 的情况（周密，2012）。

由于武汉市是武汉城市圈中的核心城市，武汉城市圈中其他八个城市与武汉市在各个方面都有相当大的差距，选择份额最大的武汉市作为分母对武汉城市圈内的城际关系进行测度是最为合理的，因此在采用 SUR 方法对城市发展综合质量和五个分维度下武汉城市圈城际关系进行测度时，都将武汉市作为标准城市来处理。

4.3.1　城市综合发展质量下城际关系测度结果

运用上述的城际关系判定准则，基于 D－S 模型，采用 SUR 定量分析方法，得出城市综合发展质量城际关系，具体结果见表 4－7。

表 4 − 7　基于 D − S 模型下城市发展综合质量下武汉城市圈城际关系

城市	武汉市	黄石市	鄂州市	孝感市	黄冈市	咸宁市	仙桃市	潜江市	天门市	R²
黄石市	−		0	0	0	0 −	0	+	+	0.9992
鄂州市	+	+		0	−	−	+	0	0	0.947
孝感市	−	−	−		+	+	−	−	−	0.9999
黄冈市	−	−	−	−		+	0	−	0	0.9774
咸宁市	+	+	+	+	−		−	−	0	0.9724
仙桃市	−	−	−	−	+	+		−	0	0.9788
潜江市	+	+	+	+	−	−	+		0 +	0.9441
天门市	−	−	−	−	+	+	0 −			0.9448

注：所有"＋"和"－"号都表示在 5% 及以下的显著性水平上可以通过显著性检验；"0 －"和"0 ＋"则表示能通过 10% 水平的显著性检验；而"0"仅表示不能通过显著性检验，但并不代表相互作用不存在。

（1）城际关系测度结果。

基于城市发展综合质量下的武汉城市圈城际关系结果如表 4 − 7 所示：

黄石市在城市发展综合质量上，分别与武汉市和咸宁市存在竞争关系，表明黄石市的城市综合质量提高会引起武汉市和咸宁市的城市综合质量下降；而黄石市与潜江市、天门市存在合作关系，表明黄石市的综合质量提高时会带来潜江市和天门市综合质量的增加，R^2 达到 0.9992。

鄂州市在城市发展综合质量上，分别与武汉市、黄石市、仙桃市存在合作的关系，表明鄂州市城市发展质量提高时，会引起武汉市、黄石市和仙桃市的城市发展质量提高；而与黄冈市和咸宁市存在竞争关系，表明鄂州市城市发展质量提高时，会带来黄冈市和咸宁市的城市发展质量下降，R^2 达到了 0.947。

孝感市在城市发展综合质量上，分别与黄冈市、咸宁市存在合作的关系，表明孝感市城市发展质量提高时，会带来黄冈市和咸宁市城市发展质量的提高；而与武汉市、黄石市、鄂州市、仙桃市、潜江市和天门市存在竞争的关系，表明孝感市城市发展质量提高时，会带来武汉市、黄石市、鄂州市、仙桃市、潜江市和天门市城市发展质量降低，R^2 达到 0.9999。

黄冈市在城市发展质量上，与咸宁市存在合作的关系，表明黄冈市城市发展质量提高时，会带来咸宁市城市发展质量的提高，其分别与武汉市、黄石市、鄂州市、孝感市和潜江市存在竞争的关系，表明黄冈市城市发展质量提高时，会带来武汉市、黄石市、鄂州市、孝感市和潜江市城市发展质量降低，R^2 达到 0.9774。

咸宁市在城市发展质量上，分别与武汉市、黄石市、鄂州市、孝感市和潜江市存在合作的关系，表明咸宁市城市发展质量提高时，会带来武汉市、黄石市、鄂州市、孝感市和潜江市城市发展质量的提高，而与黄冈市存在竞争的关系，表明咸宁市城市发展质量提高时，会带来黄冈市城市发展质量的降低，R^2 达到了 0.9724。

仙桃市在城市发展质量上，分别与黄冈市、咸宁市存在合作的关系，表明仙桃市城市发展质量提高时，会带来黄冈市、咸宁市城市发展质量的提高，而与武汉市、黄石市、鄂州市、孝感市和潜江市存在竞争的关系，表明仙桃市城市发展质量提高时，会带来武汉市、黄石市、鄂州市、孝感市和潜江市城市发展质量的降低，R^2 达到了 0.9788。

潜江市在城市发展质量上，分别与武汉市、黄石市、鄂州市、孝感市、仙桃市和天门市存在合作的关系，表明潜江市城市发展质量提高时，会带来武汉市、黄石市、鄂州市、孝感市、仙桃市和天门市城市发展质量的提高，而与黄冈市、咸宁市存在竞争的关系，表明潜江市城市发展质量提高时，会带来黄冈市、咸宁市城市发展质量的降低，R^2 达到了 0.9441。

天门市在城市发展质量上，分别与黄冈市、咸宁市存在合作的关系，表明天门市在城市发展质量提高时，会带来黄冈市、咸宁市城市发展质量的提高；而与武汉市、黄石市、鄂州市、孝感市、仙桃市和潜江市存在竞争的关系，表明天门市城市发展质量的提高会带来武汉市、黄石市、鄂州市、孝感市、仙桃市和潜江市城市发展质量的降低，R^2 达到了 0.9448。

（2）原因分析。

在综合发展质量方面，黄石市与武汉市和咸宁市空间距离较近，武汉市空间集聚效应突出，因此与武汉市呈现出竞争关系，黄石市由于与咸宁市都位于武汉市周边，对于武汉市相关产业转移过程中，存在着较为激烈的竞争，而黄石市与潜江市和天门市保持合作关系主要是因为黄石市与这两个城市空间距离相距较远，产业发展存在一定的差异，因此存在一定程度的合作关系。

鄂州市在城市综合城市发展质量上，分别与武汉市、黄石市、仙桃市存在合作的关系，主要是由于鄂州市在承接武汉市产业转移过程中具有一定的区位优势，如 2004 年 11 月经国务院国资委的批准，鄂州市的鄂城钢铁集团在与武汉市的武钢集团联合重组下成为武钢集团的联合控股子公司。鄂州市与黄石市两城市空间距离较近，两城市各自发展定位有所差别，并且在两市相交界的花湖地区开展了较为有效的协调手段促进该交界地区的发展，总体上两城市表现为合作关系强于竞争关系。而鄂州市因距仙桃市较远，在发展过程中产生的合作关系强于竞争关系，因此两城市呈现出合作的关系。而鄂州市与黄冈和咸宁两市是竞争关系，由于都位于核心城市武汉市的周围，在争夺武汉市相关产业转移以及外商投资过程中存在一定冲突，城市发展定位存在一定的趋同性，因此鄂州市与黄冈和咸宁两市的关系表现出竞争强于合作。

孝感市在城市发展质量上，分别与黄冈市、咸宁市存在合作的关系，这是由于孝感市与黄冈市、咸宁市在城市发展上存在错位发展，总体表现出合作强于竞争。而孝感市与武汉市、黄石市、鄂州市、仙桃市、潜江市和天门市存在竞争的关系，主要是由于武汉市空间集聚效应明显，吸收了周边城市的发展资源，孝感市在城际关系中与武汉市存在竞争强于合作的关系；而与黄石市、鄂州市、仙桃市、潜江市和天门在城市发展定位、承接群内外产业转移过程中，存在一定的冲突，因此表现为竞争的关系。

黄冈市在城市发展质量上，与咸宁市存在合作的关系，主要是由于黄冈市发展定位上与咸宁市存在一定的差别，因此表现出合作强于竞争的关系；由于武汉市对群内其他城市的集聚效应较为明显，因此黄冈市与武汉市表现出竞争强于合作的关系；而与黄石市、鄂州市、孝感市和潜江市在承接技术、产业转移过程中，存在的竞争关系强于合作关系。

咸宁市在发展质量上，与武汉城市圈内其他城市相比，表现为最为合作的城市，分别与武汉市、黄石市、鄂州市、孝感市和潜江市存在合作的关系，咸宁市的发展受到武汉市的扩散效应较为明显，为圈内最早通城际铁路的城市，因此与城市圈内核心城市武汉市存在合作强于竞争的关系。

仙桃市在城市发展质量上，分别与黄冈市、咸宁市存在合作的关系，这是由于仙桃市与黄冈市和咸宁市的地理位置相距较远，城市发展定位上存在一定的差别，表现出合作强于竞争的关系；而与武汉市存在竞争的关系主要是由于武汉市的集聚效应较为明显，表现出竞争强于合作的关系；而与黄石市、鄂州市、孝感市和潜江市存在竞争的关系，主要是由于仙桃市与黄石市、鄂州市、孝感市在承接产业过程中存在一定的利益冲突，因此呈现出竞争强于合作的关系。

潜江市在城市发展质量上，分别与武汉市、黄石市、鄂州市、孝感市、仙桃市和天门市存在合作的关系，主要是由于潜江市的发展与这些城市存在一定的错位发展，总体表现出合作强于竞争，而与黄冈市、咸宁市存在竞争关系，主要是由于承接产业转移、城市发展定位存在一定的利益冲突，因此呈现出竞争强于合作的关系。

天门市在城市发展质量上，分别与黄冈市、咸宁市存在合作的关系，这是由于天门市的发展与黄冈市、咸宁市存在一定的错位发展，总体表现出合作强于竞争；而由于武汉市的集聚效应较为明显，因此天门市与武汉市的关系呈现出竞争强于合作的关系，而与黄石市、鄂州市、孝感市、仙桃市和潜江市存在竞争关系，主要是由于在城际产业转移、城市发展定位上存在一定的利益冲突，因此呈现出竞争强于合作的关系。

从城市发展综合质量下的城际关系结果可得：在武汉城市圈内，8个城市与核心城市武汉市的关系为3个城市（鄂州市、咸宁市和潜江）与武汉市是保持合作的关系，其余的5个城市（黄石市、孝感市、黄冈市、仙桃市和天门市）与武汉市是竞争的关系，这说明在研究时期内2003～2014年武汉市对圈内其他城市的聚集效应强于扩散效应，圈内城市与核心城市的关系总体呈现出竞争大于合作。

4.3.2　城市发展质量分维度下城际关系的测度结果

由于本书是用"创新、协调、绿色、开放、共享"五大发展理念来构建出城市发展质量评价指标体系，分别构建了城市发展创新性、城市发展协调性、城市绿色发展、城市发展开放性和城市发展共享性五大维度，因此分别从这五大维度测度相应的城际关系结果。

（1）维度一：城市发展创新性维度下的城际关系。

城市发展创新性对于提升城市发展质量的内涵起着十分重要的作用，科技创新是带动城市经济发展的重要原动力，对提高经济效率起到十分突出的作用。在 2015 年 3 月国务院专门出台了关于《加快实施创新驱动发展战略的意见》，在意见中明确提出要把科技创新放在国家发展全局的核心位置，并具体提出了包括提高科研人员的成果转化收益等一系列促进科技创新发展的政策等内容，这对于我国加快建设创新型国家起着重大而深远的影响。本书选取科技从业人员比重、每万人在校大学生数、专利授权数量、高新技术产业增加值、科学技术占财政支出比重、研究与开发（R&D）经费占 GDP 比重、每万人拥有的互联网数、劳动生产率和全要素生产率 9 个指标来对城市发展创新性维度进行测度，根据前述测度方法，得到 2003～2014 年武汉城市圈各城市发展创新性质量指数。

从表 4-8 和图 4-2 可以看出，从 2003 年开始，随着年份的增长，武汉城市圈城市发展创新性维度指数也是呈现逐年平稳上升趋势的。从各城市增长趋势来看，武汉市增长的幅度最大，遥遥领先于城市圈其他 8 个城市，分化程度特别明显。武汉市从 2003 年的 0.8824 增加到 2.1433，这与武汉市集聚了城市圈范围内绝大多数科技创新资源有一定的关联性，同时，武汉市政府和相关创新企业长期对科技创新资金的投入也起到了积极促进作用，武汉城市圈范围内绝大部分科研院所、高校都集中在武汉市，与武汉市创新性维度指数值的显著提高也存在较大关联。2015 年 7 月，武汉市召开国家创新型城市动员大会，提出要在 5～10 年内，将武汉市基本建成国家创新型城市，再用 10～20 年时间，从国家创新城市第一方阵迈向全球重要的创新城市行列。2015 年 9 月中办国办印发《关于在部分区域系统推进全面创新改革试验的总体方案》，武汉市被列为全国 8 个创新改革试验区之一。其他城市在创新性指数方面增长幅度远低于武汉市，这也体现出各城市在创新性指数上与武汉市相比差距巨大。

表 4 - 8　　　　　　武汉城市圈城市发展创新性维度指数值

年份	武汉市	黄石市	鄂州市	孝感市	黄冈市	咸宁市	仙桃市	潜江市	天门市
2003	0.8824	0.2286	0.1969	0.1793	0.1106	0.1830	0.1302	0.1512	0.1603
2004	0.9920	0.2480	0.2331	0.2118	0.1395	0.2104	0.1571	0.1847	0.1947
2005	1.1160	0.2520	0.2352	0.2117	0.1401	0.2280	0.1635	0.1985	0.2033
2006	0.9821	0.2822	0.1793	0.1339	0.1180	0.1443	0.2024	0.2166	0.2030
2007	1.3026	0.3132	0.3877	0.2183	0.1457	0.2731	0.2441	0.2785	0.3071
2008	1.3533	0.3164	0.3007	0.2409	0.2029	0.2337	0.2180	0.2186	0.2565
2009	1.6633	0.3036	0.2690	0.2513	0.2066	0.3029	0.2157	0.2758	0.2279
2010	1.6613	0.5007	0.4270	0.2352	0.2260	0.2961	0.2075	0.2816	0.2324
2011	1.9327	0.6034	0.5229	0.3925	0.3339	0.3434	0.2580	0.3918	0.3133
2012	2.2099	0.6810	0.5978	0.4509	0.3914	0.3810	0.3325	0.3915	0.3419
2013	2.4550	0.7463	0.6166	0.5178	0.4551	0.4423	0.3805	0.4588	0.3629
2014	2.1434	0.7386	0.5318	0.5300	0.4677	0.4354	0.4122	0.4910	0.3904

　　基于城市发展创新性维度的城际关系测度结果如下：

　　在城市发展创新性指数的结果上，基于上述的 SUR 方法，得到基于城市发展创新性维度下的武汉城市圈城际关系结果，具体结果见表 4 - 9。

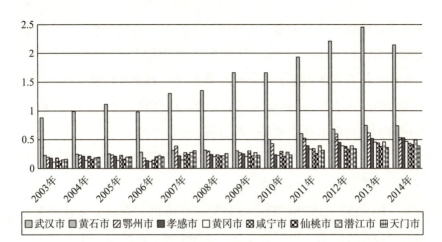

图 4 – 2   2003 ～ 2014 年武汉城市圈城市发展创新性指数值

表 4 – 9   基于城市发展创新性维度下的城际关系

城市	武汉市	黄石市	鄂州市	孝感市	黄冈市	咸宁市	仙桃市	潜江市	天门市	R^2
黄石市	–		–	+	–	+	–	–	+	0.9993
鄂州市	–	+		+	–	+	0 –	–	+	0.9992
孝感市	–	+				+	0		+	0.9973
黄冈市	–	+	–	+		+		–	+	0.9978
咸宁市	–	+		+	–		0		+	0.9984
仙桃市	–	+	–	+	–	+		–	+	0.9992
潜江市	–	+		+	–	+			+	0.9993
天门市	–	+		+		+				0.9992

注：所有 " + " 和 " – " 号都表示在5% 及以下的显著性水平上可以通过显著性检验；"0 – " 和 "0 + " 则表示能通过 10% 水平的显著性检验；而 "0" 仅表示不能通过显著性检验，但并不代表相互作用不存在。

从表 4 – 9 中可以得出，基于城市发展创新性维度下的武汉城市圈城际关系如下：黄石市分别与武汉市、鄂州市、黄冈市、仙桃市和潜江市存在竞争关系，而分别与孝感市、咸宁市和天门市存在合作关系，R^2 达到 0.9993；鄂州市分别与武汉市、黄冈市、仙桃市和潜江市为竞争关系，而分别与黄石市、孝感市、咸宁市和天门市为合作关系，R^2 达到 0.9992；孝感市分别与武汉市、鄂州市、黄冈市、潜江市为竞争关系，而与黄石市、咸宁市和天门市为合作关系，R^2 达到 0.9973；黄冈市分别与武汉市、鄂州市、仙桃市和潜江市为竞争关系，而与黄石市、孝感市、咸宁市和天门市为合作关系，R^2 达到 0.9978；咸宁市分别与武汉市、鄂州市、黄冈市和潜江市为竞争关系，而与黄石市、孝感市和天门市为合作关系，R^2 达到 0.9984；仙桃市分别与武汉市、鄂州市、黄冈市和潜江市为竞争关系，而与黄石市、孝感市、咸宁市和天门市是合作关系，R^2 达到 0.9992；潜江市分别与武汉市、鄂州市、黄冈市和仙桃市为竞争关系，而与黄石市、孝感市、咸宁市和天门市为合作关系，R^2 达到 0.9993；天门市分别与武汉市、鄂州市、黄冈市、仙桃市和潜江市为竞争关系，而与黄石市、孝感市和咸宁市为合作关系，R^2 达到 0.9992。从城市发展创新性维度下的城际关系可以看出，武汉城市圈内八个城市与核心城市在创新性维度下的城际关系都呈现出非常显著的竞争关系，说明在创新方面，武汉市在城市圈内充分发挥集聚效应，吸纳高科技从业人员和增加科技投入以促进城市创新的发展。

（2）维度二：城市发展协调性维度下的城际关系。

城市发展协调性，就是城市发展过程中要统筹协调好城市发展过程中各个领域之间的关系，在相互促进的基础上形成发展的联动效益。党的十八届五中全会通过的《中共中央关于制定国民经济和社会发展第十三个五年规划的建议》，提出各个系统内部要素的要素、系统与系统之间的发展等都要相互协调。城市发展是一种动态的平衡、整体的推进，把城市发展看成是以各系统工程，注重增强发展的协调性。选用城镇化率、第三产业增加值比重、就业弹性系数、非农产业偏离度和城乡居民人均可支配收入比来反映和衡量城市发展的协调性。对城市发展协调性维度进行测度，根据前述测度方法，得到 2003～2014 年武汉城市圈各城市发展协调性维度质量指数值（见表4－10和图4－3）。

表4－10　　　　　武汉城市圈城市发展协调性维度指数值

年份	武汉市	黄石市	鄂州市	孝感市	黄冈市	咸宁市	仙桃市	潜江市	天门市
2003	0.8356	0.6280	0.6587	－0.3379	－0.3742	0.3322	－0.0441	0.0364	－0.0415
2004	0.8642	0.6390	0.6744	－0.3276	－0.2195	0.4083	－0.0343	0.1273	－0.0113
2005	0.8966	0.6560	0.6934	－0.3205	－0.2384	0.5326	0.1335	0.1575	0.1551
2006	0.9280	0.6555	0.7094	－0.2273	－0.2170	0.5893	0.1846	0.1620	0.1939
2007	0.9258	0.4232	0.6713	－0.0262	－0.0907	0.5776	0.2620	0.2064	0.2328
2008	0.9468	0.6565	0.7037	0.1120	0.1254	0.7133	0.2748	0.2794	0.2774
2009	0.9643	0.6122	0.7113	0.1078	－0.1327	0.7239	0.4484	0.1759	0.2538
2010	0.9662	0.6850	0.7790	0.0658	－0.0610	0.7298	0.5169	0.3907	0.2835
2011	1.0173	0.7187	0.8332	0.1933	－0.0068	0.7986	0.4830	0.4705	0.2779
2012	1.0564	0.7528	0.8777	0.1966	－0.0015	0.8303	0.5237	0.3042	0.2741
2013	1.0553	0.7877	0.8905	0.1984	－0.0153	0.8557	0.5471	0.4683	0.2615
2014	1.1082	0.8321	0.9378	0.2254	0.0110	0.9014	0.5820	0.5023	0.2879

　　从表4－10和图4－3中可以得知，2003～2014 年武汉城市圈各城市发展协调性指数值的结果，武汉市、黄石市、鄂州市、咸宁市和潜江市在研究期内的城市发展协调性指数都为正，而孝感市、黄冈市、仙桃市和天门市在研究期内的城市发展协调性指数某些年份为负值，表明在这些年份孝感市、黄冈市、仙桃市和天门市的发展协调性较差。从各城市发展协调性指数趋势来看，各城市发展协

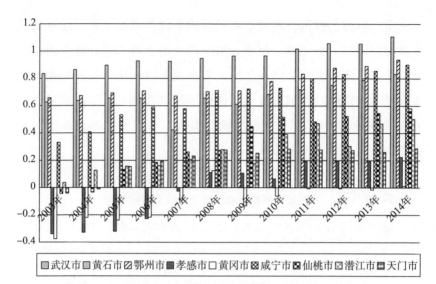

图4-3 2003~2014年武汉城市圈城市发展协调性指数值

调性指数整体上都是向上的趋势在发展，但增长幅度较小，各城市间城市发展协调性差距比城市发展创新性相比要小，其中仅武汉市2011~2014年城市发展协调度指数值在1以上，这也表明武汉城市圈内各城市发展协调性都有待进一步提高。

基于城市发展协调性维度下的城际关系测度结果如下：

在城市发展协调性指数的结果上，基于上述的SUR方法，得到基于城市发展协调性维度下的武汉城市圈城际关系结果，具体结果见表4-11。

表4-11　　　基于城市发展协调性维度下的城际关系

城市	武汉市	黄石市	鄂州市	孝感市	黄冈市	咸宁市	仙桃市	潜江市	天门市	R^2
黄石市	-		+	0	-	+	-	-	-	0.9382
鄂州市	-	-		0	0	+	0		-	0.9509
孝感市	+	+	-		+	-	+	+	+	0.9824

城市	武汉市	黄石市	鄂州市	孝感市	黄冈市	咸宁市	仙桃市	潜江市	天门市	R^2
黄冈市	+	+	−	0 +		−	+	+	+	0.9751
咸宁市	−	−	0 +	−	+		+		−	0.9977
仙桃市	+	+	−		+			+	−	0.9967
潜江市	0 +	0	0 −	−	+	0 −	+		−	0.9542
天门市	+	+	−	−	+	−	+	+		0.9892

注：所有"＋"和"－"号都表示在5%及以下的显著性水平上可以通过显著性检验；"0－"和"0＋"则表示能通过10%水平的显著性检验；而"0"仅表示不能通过显著性检验，但并不代表相互作用不存在。

从表4－11中可以得知，基于城市发展协调性维度的城际关系如下：黄石市分别与武汉市、黄冈市、仙桃市、潜江市和天门市的关系为竞争关系，而与鄂州市、咸宁市的关系为合作关系，R^2 达到0.9382；鄂州市分别与武汉市、黄石市、潜江市和天门市的关系为竞争关系，而与鄂州市和咸宁市为合作关系，R^2 达到0.9509；孝感市分别与鄂州市和咸宁市的关系为竞争关系，而与武汉市、黄石市、孝感市、黄冈市、仙桃市、潜江市和天门市为合作关系，R^2 达到0.9824；黄冈市分别与鄂州市和咸宁市的关系为竞争关系，而与武汉市、黄石市、孝感市、仙桃市、潜江市和天门市为合作关系，R^2 达到0.9751；咸宁市分别与武汉市、黄石市、孝感市、潜江市和天门市为竞争关系，而鄂州市、黄冈市和仙桃市为合作关系，R^2 达到0.9977；仙桃市分别与武汉市、黄石市、黄冈市和潜江市为合作关系，而与鄂州市、孝感市、咸宁市和天门市为合作关系，R^2 达到0.9967；潜江市分别与鄂州市、孝感市、咸宁市和天门市为竞争关系，而与黄冈市和仙桃市为合作关系，R^2 达到0.9542；天门市分别与鄂州市、孝感市和咸宁市为竞争关系，而与武汉市、黄石市、黄冈市、仙桃市和潜江市为合作关系，R^2 达到 0.9892。从城市发展协调性维度下的城际关系可以看出：在武汉城市圈内，八个城市与核心城市武汉市的关系中仅三个城市（黄石市、鄂州市和咸宁市）与武汉市是保持竞争的关系，其余的五个城市（孝感市、黄冈市、仙桃市、潜江市和天门市）与武汉市是合作的关系，这说明在研究时期内 2003～2014 年圈内城市与核心城市武汉市的协调发展总体呈现出合作大于竞争的态势，这说明武汉城市圈内各城市在城市协调发展问题上总体上都认识到要与核心城市武汉市加强合作。

（3）维度三：城市绿色发展维度下的城际关系。

绿色发展理念对破解城市发展难题、增强发展动力、厚植发展优势具有重大而现实的指导意义。绿色城市建设是城市活力与可持续发展能力的根本要求（金雨泽，2014）。生态文明相关内容在党的十八大报告中呈现出单篇论述的形式，提出将"美丽中国"作为生态文明建设目标。中央经济工作会议也进一步明确提出走绿色新型城镇化道路，"绿色城市"的建设实际上就是生态文明和城镇化两者的有机结合（刘保奎，2013）。本书选用工业废水排放量、工业二氧化硫排放量、空气质量指数值、单位 GDP 能耗值、建成区绿化覆盖率、人均公园绿地面积、污水集中处理率、生活垃圾无害化处理率、工业固体废弃物综合利用率、环境保护投资占 GDP 比重这十个指标来反映城市绿色发展（见表 4 – 12 和图 4 – 4）。

表 4 – 12　　　　　武汉城市圈城市绿色发展维度指数值

年份	武汉市	黄石市	鄂州市	孝感市	黄冈市	咸宁市	仙桃市	潜江市	天门市
2003	0.8273	0.1919	− 0.0869	− 0.2752	− 0.1973	− 0.5877	− 0.4214	− 0.3740	− 0.6534
2004	0.8523	0.1693	− 0.0441	− 0.3605	− 0.1311	− 0.6248	− 0.3361	− 0.4085	− 0.6062
2005	0.8493	0.0419	0.0541	− 0.4256	− 0.2306	− 0.5981	− 0.2939	− 0.3546	− 0.5788

续表

年份	武汉市	黄石市	鄂州市	孝感市	黄冈市	咸宁市	仙桃市	潜江市	天门市
2006	0.9084	0.2737	-0.0030	-0.1995	-0.2695	-0.4687	-0.2560	-0.3041	-0.5191
2007	0.8355	0.2682	0.0513	-0.2158	-0.0603	-0.4642	-0.2692	-0.3424	-0.5053
2008	1.0147	0.3912	-0.0553	-0.3130	-0.1973	-0.4764	-0.1581	-0.1150	-0.2594
2009	0.7076	0.5776	0.0994	-0.2665	-0.0291	-0.4702	-0.2085	-0.3579	-0.1414
2010	0.7004	0.2446	0.0477	-0.2127	-0.3520	-0.3355	-0.2296	-0.0139	-0.1146
2011	0.9230	0.4272	0.0250	-0.1189	-0.2724	-0.0543	-0.0359	-0.0517	-0.1961
2012	0.8318	0.4050	-0.0415	0.2790	-0.2375	0.1165	0.0859	0.0176	-0.0765
2013	0.9764	0.4371	0.0246	0.2614	-0.0862	0.2055	0.0929	0.0483	0.0546
2014	1.0158	0.5133	-0.0321	0.2533	-0.0576	0.2856	0.1406	0.0085	0.0099

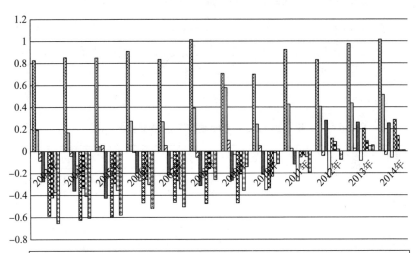

图 4 - 4　武汉城市圈城市绿色发展维度指数值

从表 4 - 12 与图 4 - 4 中可以得出，从城市绿色发展维度上，武汉城市圈内各城市绿色发展水平总体较低，各年份的绿色发展指数值总体呈现缓慢增长的趋势，仅武汉市和黄石市在研究时段内 2003 ~ 2014 年各年的指数值都为正，武汉市在研究期内城市绿色

发展指数值总体上呈现出慢中有升的情况，绿色发展指数值比其他
8 个城市略好，这与武汉市推行的坚持把生态文明建设放在更加突
出的战略位置，优化城市生态布局，深化"两型社会"建设综合配
套改革试验，推进绿色循环低碳发展，加强生态治理保护的举措有
较大关系。其他的 7 个城市在绿色发展指数上各年份均有负值出
现，表明武汉城市圈内部各城市绿色发展有待进一步提高，作为国
家"两型社会"先行示范区，武汉城市圈的"资源节约型、环境
友好型社会"建设需要采取积极措施继续加强。今后城市绿色发展
实践中，经济发展方式上要注重采用低碳技术，发展循环经济，降
低能耗，并积极修复生态环境。

　　基于城市绿色发展维度下的城际关系测度结果如下：

　　在城市绿色发展维度指数的结果上，基于上述的 SUR 方法，得
到基于城市绿色发展维度下的武汉城市圈城际关系结果，具体结果
见表 4 – 13。

表 4 – 13　　　　　　　　基于城市绿色发展维度下的城际关系

城市	武汉市	黄石市	鄂州市	孝感市	黄冈市	咸宁市	仙桃市	潜江市	天门市	R^2
黄石市	0 +		0 +	0	0	–	0	+	0	0.9313
鄂州市	+	+		–		–	+	–	+	0.997
孝感市	0	+	–		–	+	0 +	–	+	0.9828
黄冈市	+	+	–	+		–	0	–	+	0.9917
咸宁市	0	+	–	–	–		+	–	+	0.9999
仙桃市	–	+	–	–	–	+		–	+	0.9993
潜江市	–	+	–	–	–	+	+		–	0.9999
天门市	–	+	0	–	+	–	+	+		0.9905

　　注：所有"＋"和"－"号都表示在 5% 及以下的显著性水平上可以通过显著性检
验；"0 －"和"0 ＋"则表示能通过 10% 水平的显著性检验；而"0"仅表示不能通过
显著性检验，但并不代表相互作用不存在。

　　从表 4 – 13 中可以得知，基于城市绿色发展维度下的城际关系如下：黄石市与咸宁市表现为竞争关系，而分别与武汉市、鄂州市和潜江市保持合作关系，R^2 达到 0.9313；鄂州市分别与孝感市、黄冈市、咸宁市和潜江市表现为竞争关系，而与武汉市、黄石市、仙桃市和天门市表现为合作关系，R^2 达到 0.997；孝感市分别与鄂州市、黄冈市和潜江市表现为竞争关系，而与黄石市、咸宁市和天门市表现为合作关系，R^2 达到 0.9828；黄冈市分别与鄂州市、咸宁市和潜江市表现为竞争关系，而与武汉市、黄石市、孝感市和天门市表现为合作关系，R^2 达到 0.9917；咸宁市分别与鄂州市、孝感市、黄冈市和潜江市表现为竞争关系，而与黄石市、咸宁市和天门市表现为合作关系，R^2 达到 0.9999；仙桃市分别与武汉市、鄂州市、孝感市、黄冈市和潜江市表现为竞争关系，而与黄石市、咸宁市和天门市表现为合作关系，R^2 达到 0.9993；潜江市分别与武汉市、鄂州市、孝感市、黄冈市和天门市表现为竞争关系，而与黄石市、咸宁市和仙桃市表现为合作关系，R^2 达到 0.9999；天门市分别与武汉市、孝感市和咸宁市表现为竞争关系，而与黄石市、黄冈市、仙桃市和潜江市表现为合作关系，R^2 达到 0.9905。从城市绿色发展维度下的城际关系可以看出：在武汉城市圈内，8 个城市与核心城市武汉市的关系为 3 个城市（黄石市、鄂州市和黄冈市）与武汉市是保持合作的关系，还有 3 个城市（仙桃市、潜江市和天门市）与武汉市是竞争的关系，还有两个城市孝感市和咸宁市没有通过显著性检验，这说明在研究时期内 2003 ~ 2014 年圈内城市与核心城市武汉市在绿色发展上总体呈现出合作与竞争并存的状况，这说明武汉城市圈内各城市在城市绿色发展问题上总体上并没有达成一致，城市圈"资源节约型、环境友好型"两型社会的建设至今已持续了 8 年多的时间，要进一步加强武汉城市圈内各城市治理各类污染物排放联防联控政策及执法力度，各城市在城市绿色发展上要形成"一荣俱荣，一损俱损"的强烈观念。

（4）维度四：城市发展开放性维度下的城际关系。

城市开放发展注重的是解决发展内外联动的问题，城市发展过程中也必须借助外部动力进行发展，坚持对外开放是获得外部动力的重要路径。开放也是城市繁荣发展的必由之路，城市经济本身也具有开放性特征，开放市场下，要素的有序流动为城市的发展提供了重要动力。城市发展开放性是拓展城市经济发展空间、提升开放型经济发展水平的必然要求。城市开放发展推动创新、推动改革、促进发展，是城市发展的重要支撑，也是城市联通外界的桥梁。本书选取进出口总额占 GDP 比重、当年实际使用外资金额占 GDP 比重、入境旅游者人数、国际旅游外汇收入、人均邮电业务收入、客运总量、货运总量七个指标来反映城市发展的开放性。具体数值见表 4 - 14。

表 4 - 14　　　　武汉城市圈城市发展开放性维度指数值

年份	武汉市	黄石市	鄂州市	孝感市	黄冈市	咸宁市	仙桃市	潜江市	天门市
2003	1.0484	0.4490	0.1891	0.2170	0.1828	0.1284	0.1200	0.2920	0.1753
2004	1.1283	0.4876	0.2039	0.2298	0.2008	0.1399	0.1321	0.1965	0.0515
2005	1.2341	0.5137	0.2198	0.2400	0.2015	0.1507	0.1407	0.2093	0.0573
2006	1.3331	0.5363	0.2193	0.2416	0.2158	0.1561	0.1505	0.2153	0.0598
2007	1.3916	0.5225	0.2100	0.2622	0.2555	0.1486	0.1323	0.1793	0.0575
2008	1.4992	0.4707	0.1692	0.2667	0.2622	0.1649	0.1459	0.1113	0.0682
2009	1.6501	0.4386	0.1733	0.2625	0.2382	0.1637	0.1702	0.1198	0.0706
2010	1.6595	0.4153	0.1407	0.2192	0.2289	0.1818	0.1417	0.0985	0.0469
2011	1.7806	0.4087	0.1436	0.2396	0.2195	0.1808	0.1231	0.1187	0.0551
2012	2.0194	0.3929	0.1587	0.2853	0.2609	0.2016	0.1417	0.1063	0.0639
2013	2.0560	0.4558	0.1770	0.3099	0.2871	0.2153	0.1432	0.1207	0.0719
2014	2.1855	0.4722	0.1721	0.3208	0.3112	0.2298	0.1461	0.1281	0.0797

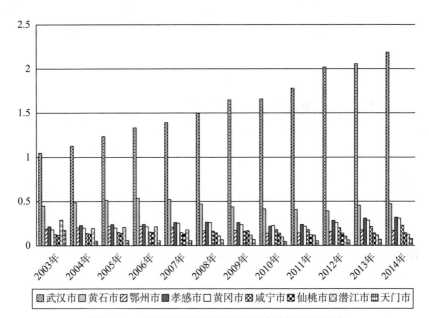

图 4 - 5　武汉城市圈城市发展开放性维度指数值

从表 4 - 14 和图 4 - 5 中可以得出，从城市发展开放性维度指数值来看，除武汉市外，武汉城市圈内其他 8 个城市发展开放性指数值都并未在研究时期 2003 ~ 2014 年内得到较大改变，各城市及各年份的开放性指数值都处于较为稳定的特征，变化幅度较小，而武汉市的城市发展开放性维度指数值呈现出较大幅度增长的趋势，从 2003 年的 1.0484 增长到 2014 年的 2.1855，这表明武汉市在研究期内加快发展开放型经济，提升经济外向度，积极推动外贸、外资、对外投资优化升级，努力建设内陆外资密集区、区域性国际贸易中心等举措有较大关系。从其他 8 个城市发展的开放性指数来看，各城市应积极加强开放型经济的发展，提高城市经济发展的开放性。

基于城市发展开放性维度下的城际关系测度结果如下：

在城市发展开放性维度指数值的结果上，基于上述的 SUR 方法，得到基于城市发展开放性维度下的武汉城市圈城际关系结果，具体结果见表4-15。

表 4-15　　　　　　　基于城市发展开放性维度的城际关系

城市	武汉市	黄石市	鄂州市	孝感市	黄冈市	咸宁市	仙桃市	潜江市	天门市	R^2
黄石市	-		+	0 -	+	+	+	+	-	0.9991
鄂州市	-	-		0	+	+	+	+	-	0.9989
孝感市	-	-	0		+	0	+	+	-	0.9986
黄冈市	-	-	0	0 -		0 -	+	+		0.9991
咸宁市	-	+	+				+			0.9999
仙桃市	-	-	+		+	0		0	0	0.9992
潜江市	-	-	+	-	+	+	+		-	0.9996
天门市	-	-	+	-	+	0	+	+		0.9995

注：所有"＋"和"－"号都表示在5%及以下的显著性水平上可以通过显著性检验；"0－"和"0＋"则表示能通过10%水平的显著性检验；而"0"仅表示不能通过显著性检验，但并不代表相互作用不存在。

从表4-15中可以得知，基于城市发展开放性维度城际关系如下：黄石市分别与武汉市、孝感市和天门市表现为竞争关系，而与鄂州市、黄冈市、咸宁市、仙桃市和潜江市表现为合作关系，R^2达到0.9991；鄂州市分别与武汉市、黄石市和天门市表现为竞争关系，而与黄冈市、咸宁市、仙桃市和潜江市表现为合作关系，R^2达到0.9989；孝感市分别与武汉市、黄石市和天门市表现为竞争关系，而与黄冈市、仙桃市和潜江市表现为合作关系，R^2达到0.9986；黄冈市分别与武汉市、黄石市、孝感市、咸宁市和天门市表现为竞争关系，而与仙桃市和潜江市表现为合作关系，R^2达到0.9991；咸宁市分别与武汉市、黄石市、孝感市和天门市表现为竞争关系，而与鄂州市、黄冈市、仙桃市和潜江市表现为合作关系，R^2 表现为 0.9999；仙桃市分别与武汉市、黄石市和孝感市表现为竞争关系，而与鄂州市和黄冈市表现为合作关系，R^2 达到 0.9992；潜江市分别与武汉市、黄石市、孝感市和天门市表现为竞争关系，而与鄂州市、黄冈市、咸宁市和仙桃市表现为合作关系，R^2 达到 0.9996；天门市分别与武汉市、黄石市和孝感市表现为竞争关系，而与鄂州市、黄冈市、仙桃市和潜江市表现为合作关系，R^2 达到 0.9995。从城市发展开放性维度下的城际关系可以看出，武汉城市圈内 8 个城市与核心城市武汉市在开放性维度下的城际关系都呈现出非常显著的竞争关系，说明在城市开放性与城市创新性方面保持了一致，武汉市拥有圈内各城市无法比拟的区位优势、人才优势、经济优势等，在城市开放性方面在圈内具有独有的巨大优势，从而挤占圈内其他城市的开放空间。

（5）维度五：城市发展共享性维度下的城际关系。

共享发展是推动持续发展的不竭动力，城市共享发展也是体现社会公平正义的重要体现。坚持共享发展就是体现发展是为了人民，发展依靠人民，发展成果由全民共享的理念。在城市发展中，既要提升城市经济社会的整体水平，也要保障城市居民人人享有发展机遇，享有发展成果，全民推动发展的积极性、主动性和创造性才能得到充分发挥。本书选取人均 GDP、恩格尔系数、社会保险覆盖率、城镇登记失业率、人均城镇住房面积、城镇人均消费性支出、人均拥有卫生技术人员数、教育支出占财政支出比重、万人拥有公共图书馆藏书量 9 个指标来反映城市发展共享性（见表 4 - 16 和图 4 - 6）。

表 4 – 16　　　　　武汉城市圈城市发展共享性维度指数值

年份	武汉市	黄石市	鄂州市	孝感市	黄冈市	咸宁市	仙桃市	潜江市	天门市
2003	0.7096	0.1557	0.0093	0.0066	0.0557	0.1377	−0.1267	−0.0498	0.1819
2004	0.8131	0.2429	0.1912	0.0650	0.0462	0.1389	−0.0359	0.0334	0.2724
2005	0.8870	0.2698	0.2265	0.1104	0.0674	0.1921	−0.0198	0.0713	0.4189
2006	0.8783	0.3178	0.3348	0.1068	0.0966	0.2166	0.0247	0.1383	0.3779
2007	1.0943	0.4402	0.4338	0.1408	0.1546	0.3767	0.1084	0.2153	0.1621
2008	1.2458	0.4843	0.4885	0.2739	0.1975	0.3761	0.0971	0.2710	0.1627
2009	1.2104	0.5613	0.4829	0.3483	0.2966	0.4347	0.2308	0.4069	0.2390
2010	1.3333	0.6710	0.6094	0.3893	0.4540	0.5265	0.2004	0.4585	0.2534
2011	1.5252	0.7559	0.7200	0.4452	0.5504	0.6710	0.3241	0.5334	0.3160
2012	1.6860	0.7903	0.7758	0.5926	0.6071	0.8156	0.4834	0.6827	0.4369
2013	1.8148	0.8400	0.8687	0.6583	0.7432	0.8850	0.5437	0.7780	0.5314
2014	1.8937	0.8415	0.9832	0.6769	0.7743	0.9274	0.5466	0.7779	0.5196

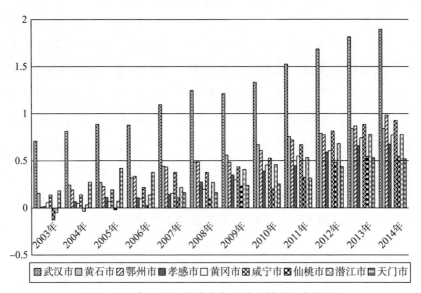

图 4 – 6　武汉城市圈城市发展共享性维度指数值

从表 4－16 和图 4－6 中可以看出，武汉城市圈城市发展共享性指数总体呈现出稳步向上的趋势，武汉市与其他 8 个城市的共享性指数值差距较大，优势明显，武汉市在城市发展中体现出"全域一体、全民共享"的发展目标，在缩小城乡差距、推进城乡基本公共服务均等化方面下了较大功夫，而武汉城市圈其他 8 个城市研究期内城市发展共享性指数值也呈现出逐步增长的趋势，城市发展共享性在逐步提升，表明各地方政府在民生方面都下了一定的功夫，在改善民生的公共基础设施、民生工程建设方面都有所提高。各城市应在今后工作中继续以社会公平正义为前提，以推进扶贫脱贫、缩小城市群内各城市收入差距为主要抓手，推进城乡基本公共服务均等化为保障，实现共同富裕为目标。

基于城市发展共享性维度下的城际关系测度结果如下：

在城市发展共享性维度指数值的结果上，基于上述的 SUR 方法，得到基于城市发展共享性维度下的武汉城市圈城际关系结果，具体结果见表 4－17。

表 4－17　　　　　基于城市发展共享性维度下的城际关系

城市	武汉市	黄石市	鄂州市	孝感市	黄冈市	咸宁市	仙桃市	潜江市	天门市	R^2
黄石市	＋		－	0	－	－	－	＋	＋	0.9965
鄂州市	＋	＋		－	－	－	－	＋	＋	0.9999
孝感市	＋	＋	－		－	－	＋	－	＋	0.9996
黄冈市	＋	＋	－	＋		－	－	＋	＋	0.9999
咸宁市	0	0	0	＋	0		0	－	0 ＋	0.9854
仙桃市	0	0	0	＋	0	0		－	0	0.9907
潜江市	0 ＋	＋	－	0	－	0	0		＋	0.9818
天门市	0 ＋	＋	0 －	0	0 ＋	－	＋			0.9891

注：所有"＋"和"－"号都表示在 5% 及以下的显著性水平上可以通过显著性检验；"0 －"和"0 ＋"则表示能通过 10% 水平的显著性检验；而"0"仅表示不能通过显著性检验，但并不代表相互作用不存在。

从表 4 – 17 中可以得知，基于城市发展共享性维度的城际关系
如下：黄石市分别与鄂州市、黄冈市、咸宁市和仙桃市表现为竞争
关系，而与武汉市、潜江市和天门市表现为合作关系，R^2 达到
0.9965；鄂州市分别与孝感市、黄冈市、咸宁市和仙桃市表现为竞
争关系，而与武汉市、黄石市、潜江市和天门市表现为合作关系，
R^2 达到 0.9999；孝感市分别与鄂州市、黄冈市、咸宁市和潜江市
表现为竞争关系，而与武汉市、黄石市、仙桃市和天门市表现为合
作关系，R^2 达到 0.9996；黄冈市分别与鄂州市、咸宁市和仙桃市
表现为竞争关系，而与武汉市、黄石市、孝感市、潜江市和天门市
表现为合作关系，R^2 达到 0.9999；咸宁市与潜江市表现为竞争关
系，而与孝感市和天门市表现为合作关系，R^2 达到 0.9854；仙桃
市与潜江市表现为竞争关系，而与孝感市表现为合作关系，R^2 达
到 0.9907；潜江市分别与鄂州市、黄冈市表现为竞争关系，而与
武汉市、黄石市和天门市表现为合作关系，R^2 达到 0.9818；天
门市分别与鄂州市、咸宁市和潜江市表现为竞争关系，而与武汉
市、黄石市、黄冈市和仙桃市表现为合作关系，R^2 达到 0.9891。
从城市发展共享性维度下的城际关系可以看出：在武汉城市圈
内，8 个城市与核心城市武汉市的关系为 6 个城市（黄石市、鄂
州市、孝感市、黄冈市、潜江市和天门市）与武汉市保持合作的
关系，还有两个城市咸宁市和仙桃市并没有通过显著性检验，这
说明在研究时期内（2003 ~ 2014 年）圈内城市与核心城市武汉
市在城市发展共享性维度下总体呈现出合作的态势，武汉城市圈
内各城市在城市发展共享性总体上达成了一致，各城市间通过城
际铁路等交通基础设施来进一步加强联系，在城市发展上实现共
建共享。

4.4　本章小结

在对研究区武汉城市圈进行城际关系测度时，先对武汉城市圈的自然地理和社会经济状况进行了概括性的介绍，武汉城市圈属于典型的单核城市群，城市群内部的中心城市武汉市与群内其他8个城市在经济、社会各方面发展都存在着十分明显的优势。按照十八届五中全会提出的"创新、协调、绿色、开放、共享"五大发展理念，分别从城市发展创新性、城市发展协调性、城市绿色发展、城市发展开放性和城市发展共享性五个维度构建城市发展质量评价指标体系，对武汉城市圈城市发展质量进行测度，得出2003～2014年武汉城市圈各城市发展的综合指数值。结合D－S模型，运用SUR方法，以武汉市为标准城市，按照城际关系的判定准则对城市综合发展质量下的城际关系和城市发展质量5个分维度下的城际关系分别进行测度，在城市综合发展质量下的武汉城市圈城际关系如下：黄石市在城市发展综合质量上，分别与武汉市和咸宁市呈现出竞争关系，而与潜江市、天门市呈现出合作关系；鄂州市在城市发展质量上，分别与武汉市、黄石市、仙桃市存在合作的关系，而与黄冈市和咸宁市是竞争关系；孝感市在城市发展质量上，分别与黄冈市、咸宁市存在合作的关系，而与武汉市、黄石市、鄂州市、仙桃市、潜江市和天门市存在竞争的关系；黄冈市在城市发展质量上，与咸宁市存在合作的关系，而分别与武汉市、黄石市、鄂州市、孝感市和潜江市存在竞争的关系；咸宁市在城市发展质量上，分别与武汉市、黄石市、鄂州市、孝感市和潜江市存在合作的关系，而与黄冈市存在竞争的关系；仙桃市在城市发展质量上，分别与黄冈市、咸宁市存在合作的关系，而与武汉市、黄石市、鄂州市、孝感市和潜江市存在竞争的关系；潜江市在城市发展质量上，分别与武汉市、黄石市、鄂州市、孝感市、仙桃市和天门市存在合作的关系，而与黄冈市、咸宁市存在竞争的关系；天门市在城市发展质量上，分别与黄冈市、咸宁市存在合作的关系，而与武汉市、黄石市、鄂州市、孝感市、仙桃市和潜江市存在竞争的关系。从城市发展综合质量下的城际关系结果可得：在武汉城市圈内，8个城市与核心城市武汉市的关系为仅3个城市（鄂州市、咸宁市和潜江市）与武汉市保持合作的关系，其余的5个城市（黄石市、孝感市、黄冈市、仙桃市和天门市）与武汉市是竞争的关系，这说明在研究时期内2003～2014年武汉市对圈内其他城市的聚集效应强于扩散效应，圈内城市与核心城市的关系总体呈现出竞争大于合作。而城市发展质量5个分维度下呈现的城际关系如下：城市发展创新性维度下的城际关系表现为武汉城市圈内8个城市与核心城市武汉市在创新性维度下的城际关系都呈现出非常显著的竞争关系；城市发展协调性维度下的城际关系为圈内城市与核心城市武汉市的协调发展总体呈现出合作大于竞争的态势；城市绿色发展维度下的城际关系为圈内城市与核心城市武汉市总体呈现出合作与竞争关系并存的状况；城市发展开放性维度下的城际关系为武汉城市圈内8个城市与核心城市武汉市呈现出非常显著的竞争关系，这与城市创新性维度下的城际关系保持了一致的结论；城市发展共享性维度下的城际关系为圈内城市与核心城市武汉市总体上呈现出合作的态势。

第5章

武汉城市圈城际关系路径分析

本章主要是根据第 2 章中的理论分析框架，以武汉城市圈为例，对城市群内城际关系产生的路径进行研究，分别从集聚扩散效应、城市网络和产业分工三个角度来考察城市群内城际关系的路径。

5.1 武汉城市圈经济空间格局分析

区域差异是区域在发展过程中的一种常态现象，特别是在城市群这一特殊的区域中表现尤为突出，城市群内部各城市产生差异的原因主要包括城市群内各城市的区位条件、资源禀赋状况等，还包括区域性的政策对城市发展差异会产生一定的影响（管卫华，2006），城市群内的区域经济差异对城市群内各城市关系也会产生一定影响，分析武汉城市圈内在时空格局上的经济差异对认识武汉城市圈内部的集聚效应与扩散效应有重要作用。

地理学第一定理认为地理事物或属性在空间分布上互为相关。

人均 GDP 被广泛应用于经济发展阶段的界定和区域发展水平的研究（曾浩，2015）。本书通过加入空间视角，借助 GIS 的空间统计方法，以人均 GDP 作为主要研究指标，具体运用空间自相关分析方法和空间变差函数对武汉城市圈经济空间格局集聚与扩散效应进行路径分析。

5.1.1　总体格局演变特征

运用全局 Moran's I 对武汉城市圈县域经济全局空间相关性进行研究。对 ArcGIS10.2 软件进行操作得出武汉城市圈县域人均 GDP 的全局 Moran's I 值，结果如图 5 – 1 所示。

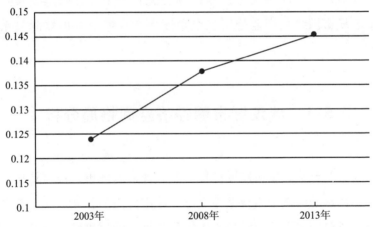

图 5 – 1　武汉城市圈县域人均 GDP 全局 Moran's I 值变化趋势

根据 2003 年、2008 年和 2013 年武汉城市圈各县域单元人均 GDP 的统计数据，通过公式并利用 ArcGIS 软件计算得到全局 Moran's I 值。结果可得：全局 Moran's I 值远离期望值 E(I)（–0.0333）并为正数，在三个时间断面呈现上升趋势，通过了 P 值显著性检验。根据 Moran's I 值的结果来看，全局 Moran's I 值由 2003 年的 0.124 上升到 2008 年的 0.138，再上升到 2013 年的 0.145，表明在三个时间断面上，武汉城市圈县域单元人均 GDP 呈现出空间正相关性，各县域单元经济表现出聚集的状态，总体表明武汉城市圈内部存在着较为显著的集聚现象。

5.1.2　局部空间演变分析

选取 2003 年、2008 年和 2013 年 3 年的研究数据，主要采用人均 GDP 指标通过对 Getis – Ord G_i^* 指数的计算，采用 Natural Breaks（Jenks）分类法，将武汉城市圈县域经济空间格局分为冷点区域、次冷点区域、次热点区域和热点区域四类，2003 年，热点区域包括孝南区、武汉市市辖区、鄂城区、华容区、梁子湖区、黄州区、黄石市市辖区、大冶市、阳新县，次热点区包括嘉鱼县、赤壁市、汉川市、应城市、云梦县、安陆市、浠水县、天门市、仙桃市和潜江市，次冷点区包括崇阳县、咸安区、武穴市、黄梅县和麻城市，冷点区包括通城县、通山县、蕲春县、英山县、罗田县、团风县、红安县、大悟县和孝昌县；2008 年热点区与 2003 年基本保持一致，但次热点区发生了一些变化，咸安区、崇阳县由次冷点区转化为了次热点区，通山县由冷点区转化为了次热点区，云梦县、安陆市和应城市由次热点区转化为了次冷点区，通城县由冷点区转化为了次冷点区、麻城市和武穴市由次冷点区转化为冷点区、团风县由冷点区转化为次冷点区；2013 年嘉鱼县由 2003 年时的次热点区转化为热点区，黄州区由热点区转化为次热点区，汉川市和通山县由次热点区转化为次冷点区，云梦县由次冷点区转化为冷点区。根据 2003 年、2008 年和 2013 年三个时间断面的热点图分析可得，热点区变化较小，基本保持了一致性，主要以城市圈内各市的市辖区为主，表现特征主要是热点区聚集在武汉市周围，冷点区逐步聚集在城市圈北部外围区域，而次热点区、次冷点区和冷点区变化相比热点区变化幅度较大，表明武汉城市圈内部经济发展不平衡现象存在。

5.1.3 时空格局演化的空间变差

采用空间变差函数来对武汉城市圈县域经济空间格局演化进行进一步的研究。选取武汉城市圈各县域单元 2003 年、2008 年和 2013 年三个年份的人均 GDP 指标作为区域化变量属性数据赋值在每个县域单元的几何中心点上。定义步长定位为 30km，对样点数据在不同的模型中进行拟合，从而选出拟合效果最好的模型，拟合的同时对不同方向上的分维数 D 进行计算，根据结果进行 Kriging 空间插值，最后生成 3D 图，从图中可以看出演变过程、分布形态和内在结构等特征。结果如图 5 - 2 所示。

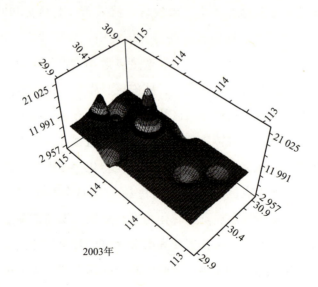

2003年

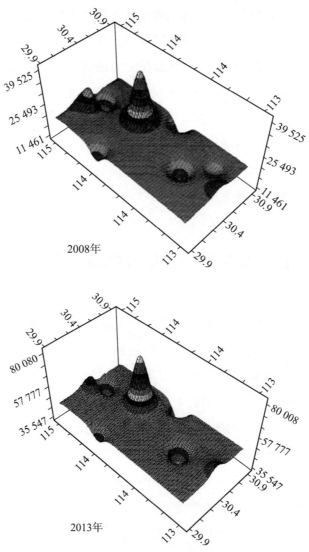

图 5 - 2　武汉城市圈经济变差函数演化

从 Kriging 插值生成的 3D 图可以看出，2003 年，图形高点分布在武汉城市圈中的市辖区经济发展较好的城市，而城市圈其他地区经济发展较为落后，处于经济低谷区；2008 年，武汉城市圈中各

155

县域单元较之前有一定的发展，经济低谷区主要聚集在武汉城市圈的东北部区域，分布较为集中，经济高点区域范围继续由武汉市向其他地区扩大；2013 年，经济高点区域纳入了周边的少数地区，但经济发展低谷地区仍表现在武汉城市圈的东北部区域。从研究结果来看，高点地区仍然在武汉市及其周边发展，这一方面是由于武汉市作为城市群内的增长极与单核城市群结构有关，另一方面是武汉市在城市群内部产生了辐射效应，对周边地区产生扩散影响，促进了周边地区的经济发展。

5.2　武汉城市圈城市经济联系社会网络分析

经济联系的结构主要包含了各城市间在相互联系过程中建立的信息流、物质流、人流等形式的总和，体现了地区间经济联系的行为特征和空间属性。经济联系结构相关研究主要是在了解和掌握城市间相互作用的基础上，对城市间相互作用关系结构及对区域经济发展产生影响进行具体的研究。对武汉城市圈内各城市间经济联系结构有利于揭示城市群内整体网络联系水平、个体间相对关系，从而为武汉城市圈整体协调发展提供参考（方大春，2013，2015）。

社会网络分析主要是对关系数据进行研究的方法，在社会学等多个学科中应用较为广泛，这对其他学科运用社会网络分析有较大的借鉴意义。在社会学领域中，主要是将结构看成行动者间的关系模式，而把"关系"看成是主要的分析单位，在此情况下，形成的网络结构既可以包括经济行为结构，又可以包括社会政治结构，但研究的焦点问题是形成的结构如何影响网络中各个成员的行为（刘军，2004）。社会网络分析主要是认为各行动者之间共同存在的关系网络非常重要，采用数学方法来描述关系网络，并且在网络中观察包括个人、城市、国家等在内的各种行动者及整体的影响。同时，从微观角度出发，考察各行动者之间的关系及其网络结构的变化，通过定量化的指标来构造对象之间形成的互动结构关系，既反映了整体网络结构的变化，也反映了网络结构中个体对象的相对位置（侯赘慧，2009）。

在经济学研究范围内，将社会网络分析方法主要运用到国际经济系统相关问题的研究中，已有学者采用社会网络分析方法进行了研究。如希亚沃（Schiavo，2010）和卡西（Cassi，2012）运用了社会网络分析方法对国际贸易的网络关系和金融一体化的网络关系进行了实证研究，而史密斯和怀特（Smith & White，1992）等采用社会网络分析方法对世界经济系统进行了研究，认为世界经济系统是一个网络系统，但该网络是具有空间交叉相互影响的网络，各个国家的现有经济发展状况与其在网络中的位置密切相关。本书运用社会网络分析方法对武汉城市圈城市经济联系进行研究，主要是考虑到网络分析方法采用的是结构关系，而结构是决定属性数据表现，在分析上更有说服力。网络分析方法具有全局性分析的特点，同时可以揭示城市群各城市空间关联的总体特征及分析各城市在城市群中的空间影响。城市群经济发展的空间关联网络是城市群经济发展关系的集合，城市群内各个城市是网络结构中的"点"，而网络结构中的"线"是指各城市群在经济发展上的空间关联关系，由"点"和"线"共同构成了城市群经济发展的空间关联网络（李敬，2014；李响，2011），在空间网络中，网络密度值可以对整体网结构特征进行描述，而中心度指数值对网络结构中的个体特征可以进行特征分析（刘华军，2015，2016）。

城市群空间联系引力模型。在实际情况中，两个城市间的引力大小并不是一致的，城市间经济引力有着强弱之分，从现实情况也可以明显看出，质量大的城市明显对质量小的城市有较大吸引力，本书主要采用修正后的城市间经济联系引力模型，修正后的引力模型为（方大春，2015；郭源园，2012）：

$$R_{ij} = k_{ij} \cdot \frac{\sqrt{P_i \cdot V_i} \cdot \sqrt{P_j \cdot V_j}}{D_{ij}}, \quad k_{ij} = \frac{V_i}{V_i + V_j} \qquad (5.1)$$

式中，R_{ij} 代表城市 i 对城市 j 的引力，k_{ij} 表示城市 i 对 R_{ij} 的贡献率；P_i 和 P_j 为城市 i 和城市 j 的人口规模；V_i、V_j 为城市 i 和城市 j 的经济规模指标，从数据的可得性出发，本书主要是采用城市总人口和总 GDP 来分别表征城市人口规模和城市经济规模指标，在此采用的距离 D_{ij} 以 Google 地图测度的最短公路距离表示两城市间的距离。基于修正后的引力模型，分别计算 2003 年、2008 年、2013 年三个时点的武汉城市圈各城市经济联系强度，在此基础上，结合社会网络分析法，运用 Ucinet 软件对三个时点的经济联系强度进行进一步的计算与分析，得出武汉城市圈空间经济联系结构特征及其不同时点的变化情况。计算结果见表 5 - 1。

5.2.1 整体网络密度分析

将由引力模型计算得出的经济联系强度矩阵导入 Ucinet 6.1 软件中，运用软件 NetDraw 绘图功能，生成武汉城市圈城市经济联系网络的可视化结构图（方大春，2013）（见图 5 - 3），网络化结构图中的每个节点代表武汉城市圈内的各个城市，而城市间的连线代表城市圈各城市的经济联系及其联系方向。

表 5-1　2003 年、2008 年和 2013 年武汉城市圈城市间经济联系强度矩阵

城市	武汉市	黄石市	鄂州市	孝感市	黄冈市	咸宁市	仙桃市	潜江市	天门市
武汉	0/0/0	25.8/60.7/142.7	19/46/114.7	68.4/149.5/359	84.76/179.4/418	26.2/60/149	13/27.6/61.5	3.65/8.7/21.6	5.9/11.26/24.8
黄石	4.2/8.5/18	0/0/0	19/38/80.7	1.67/3.2/6.7	27.3/52.8/105	3.5/6.6/13.7	0.7/1.2/2.3	0.28/0.55/1.18	0.38/0.64/1.26
鄂州	1.3/2.9/7.5	8.7/18.4/44.6	0/0/0	0.58/1.24/3	62.7/138/319	0.7/1.42/3.3	0.26/0.52/1.14	0.11/0.23/0.55	0.165/0.31/0.7
孝感	11.7/19.5/43	2.1/3.4/7.3	1.6/2.72/6	0/0/0	5/7.88/16	2.7/4.4/9.4	2.3/3.6/7.2	1/1.7/3.7	3.24/4.7/9.5
黄冈	19.7/27.2/61.7	38.7/57/122.7	193/307.6/675	5.6/8/17	0/0/0	4.4/6.5/14	1.5/2.17/4.34	0.64/1/2.2	1/1.4/2.8
咸宁	2.7/5.44/14.4	2.2/4.24/10.4	1/1.9/4.6	1.37/2.65/6.6	2/3.9/9	0/0/0	0.73/1.3/3	0.29/0.55/1.33	0.43/0.7/1.6
仙桃	1/1.63/3.4	0.3/0.5/1	0.26/0.45/0.9	0.82/1.41/3	0.5/0.85/1.6	0.52/0.85/1.7	0/0/0	1.1/1.86/3.8	1.94/3/5.8
潜江	0.2/0.47/1.17	0.1/0.21/0.5	0.08/0.18/0.4	0.27/0.6/1.5	0.16/0.35/0.8	0.16/0.32/0.75	0.84/1.69/3.7	0/0/0	1.32/2.51/5.7
天门	0.4/0.53/1	0.16/0.22/0.4	0.15/0.21/0.4	1.06/1.5/2.8	0.3/0.44/0.8	0.28/0.38/0.7	1.76/2.4/4.2	1.57/2.22/4.2	0/0/0

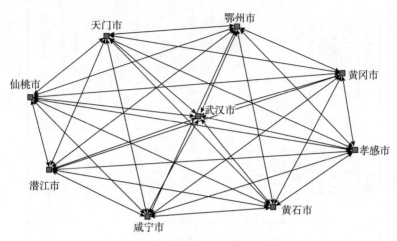

图 5 - 3 武汉城市圈经济联系网络结构

从图中可以看出武汉城市圈内城市经济联系网络较为密集，经济联系的环形网络结构已经形成。再进一步通过 Ucinet 软件计算 2003 年、2008 年和 2013 年武汉城市圈经济联系的网络密度值，结果如表 5 - 2 所示。

表 5 - 2　　　　　　　　武汉城市圈经济联系网络密度

年份	2003 年	2008 年	2013 年
密度	9.7001	18.3597	41.7072

由表 5 - 2 结果可得，2003~2013 年，武汉城市圈经济网络密度由 9.7001 增长到 41.7072，增长幅度较大，增长变化明显。武汉城市圈经济网络结构密度值不断增大表明武汉城市圈内各城市间有向性联系更加紧密，随着武汉城市圈各城市经济发展水平的提高，各城市间经济联系更加密切，区域内经济集聚现象也较为突出，城市群内以武汉为单核心的城市群结构更加确定，城市群内一体化进

程在逐渐完善，这对于加大城市群内经济联系具有极大的促进作用。但与国内其他城市群相比，特别是长三角、珠三角等较成熟的城市群，武汉城市群网络密度相对较低，因此，武汉城市圈经济网络还有较大的相互连接空间。

5.2.2　中心度分析

城市群内各城市间相互联系并不是等同的，因此在网络结构中，城市间经济联系也呈现出方向性，采用的中心度主要包括点入度和点出度两种，点入度是指该城市受到网络中其他城市影响的能力，点出度是指该城市影响网络中其他城市的能力，分别可以得到一个度数值（周正荣，2012）。通过 Ucinet 软件的计算可以得出武汉城市圈经济网三个时点下九个城市的中心度数值，结果见表 5 – 3。通过三个时间节点的中心度数值可以发现，总体上各个城市的点入度和点出度数值都发生了较为明显的变化，具体来看：

表 5 – 3　　　　　　武汉城市圈经济联系网络中心度

序号	点入度						点出度					
	2003 年		2008 年		2013 年		2003 年		2008 年		2013 年	
1	鄂州市	234	鄂州市	397	鄂州市	882	武汉市	246	武汉市	543	武汉市	1 291
2	黄冈市	182	黄冈市	383	黄冈市	870	黄冈市	264	黄冈市	410	黄冈市	899
3	孝感市	80	孝感市	168	孝感市	400	鄂州市	75	鄂州市	163	鄂州市	380
4	黄石市	78	黄石市	144	黄石市	330	黄石市	57	黄石市	111	黄石市	228
5	武汉市	41	咸宁市	80	咸宁市	193	孝感市	30	孝感市	48	孝感市	102
6	咸宁市	38	武汉市	66	武汉市	150	咸宁市	11	咸宁市	21	咸宁市	51
7	仙桃市	21	仙桃市	40	仙桃市	87	仙桃市	6	仙桃市	10	仙桃市	15
8	天门市	14	天门市	24	天门市	52	天门市	5	天门市	8	潜江市	15
9	潜江市	8	潜江市	17	潜江市	38	潜江市	3	潜江市	6	天门市	14

（1）武汉城市圈经济网络中，各城市中心度相对位置变化缓慢。但从点入度和点出度数值来观察，发生了一些较为明显的变化，2013年的上升幅度特别明显，但是大多数城市相对位置情况变化不大。鄂州市和黄冈市的点入度位置在三个时间节点处都一直处于较高水平的位置，表明在武汉城市圈经济网络中，鄂州市和黄冈市受到其他城市影响程度较大，而孝感市和黄石市受到其他城市影响程度比鄂州市和黄冈市要稍弱一些，咸宁市和武汉市的点入度水平处于大体相同的地位，而三个省直管市仙桃市、天门市和潜江市受到群内其他城市的影响程度明显比其他的城市要低。武汉市、黄石市、黄冈市、鄂州市点出度相比城市圈内其他城市而言处于较高水平的位置，表明这4个城市影响城市圈内其他城市的能力较大，尤其是武汉市的点出度远超城市圈内其他8个城市。孝感市和咸宁市的点出度较小，表明在城市圈内影响其他城市的能力较弱。3个省直管市仙桃市、潜江市和天门市的点出度大小与点入度与圈内其他城市相比都非常小，表明这3个城市影响其他城市的能力较弱，同时受其他城市的影响也较弱，相比其他城市而言在经济发展中处于边缘地带。这表明城市群内城市间辐射效应和扩算效应的大小不仅与自身的经济实力密切相关，并且与自身的区位特征也有一定的关系。从整体来看，武汉城市圈城市中心度呈现了区域性特征。

（2）武汉市的核心地位凸显。从三个时间节点来看，武汉市的点出度与其他城市相比都处于领先地位，并且与其他城市的差距也越来越大，但点入度数值却较低。这说明武汉城市圈内武汉市对其他城市的影响要明显大于其他城市对武汉市的影响，武汉市呈现出具有极强的向外辐射能力。就武汉市本身的地位而言，作为湖北省的省会城市，中部地区唯一的副省级城市，武汉市作为湖北省和武汉城市圈经济的增长极，在产业承接、技术、资本等要素通过溢出效应,实现武汉对城市圈内其他城市的推动发展,从而提高武汉城市圈的整体经济水平。

(3) 通过计算武汉城市圈经济网络中心势得出的结果可以判别武汉城市圈城市经济联系的不对称性及不均衡程度,当中心势的值越接近1,说明网络的集中性越强。就研究结果可以看出:点出度中心势呈现的上升趋势较为明显,随着武汉城市圈两型社会的建设,各城市间经济相互联系总范围在不断扩展,但点入度中心势变化较小。从点出度中心势与点入度中心势两者差值可以得出,从2003年的2.219%增加到2013年的8.513%,说明武汉城市圈内城市经济联系的不均衡性在逐步加大,并且武汉城市圈内中心城市在控制资源的能力在逐步增强,武汉市作为城市圈内的核心城市地位也在不断加强,城市空间联系趋于不均衡(见表5-4)。

表5-4 武汉城市圈经济联系网络中心势 单位:%

年份	2003年	2008年	2013年
点入度中心势	11.402	11.438	11.438
点出度中心势	13.621	18.117	19.951

5.2.3 凝聚子群分析

运用迭代相关收敛法(CONCOR)对武汉城市圈经济网络进行凝聚子群分析(周正荣,2013),相关结果如表5-5所示。2003~2013年,凝聚子群变化幅度较小,仅在2008年,仙桃市与孝感市和咸宁市组成了子群,在2003年和2014年时,仙桃市分别与潜江市和天门市组成了子群。结合子群密度结果,得出2003年子群内部联系最紧密的是第2子群,即由黄石、黄冈和鄂州组成的子群。子群之间联系最为紧密的是由武汉与黄石、黄冈和鄂州构成的子群。2013年子群内部成员联系最为密切的仍然是由黄石、黄冈和鄂州组成的第 2 子群，但同时咸宁和孝感组成的第 3 子群的紧密联系程度在大大增强，子群之间联系最为紧密的是武汉与黄石、黄冈和鄂州构成的子群，同时武汉与孝感和咸宁构成的子群紧密联系程度较之前有进一步提升。2013 年黄石、黄冈和鄂州组成的第 2 子群、咸宁和孝感组成的子群与仙桃、潜江和天门组成的子群密切程度都较之前两个节点有较大提高，子群间的联系越来越密切，这表明城市群内城市间的经济联系也越来越密切。城市群内的核心城市武汉对周边城市起着重要的经济影响，从地理位置而言，武汉市就处于武汉城市圈的中心，对其周边城市凝聚范围和周围的城市子群影响力都起着重要的影响作用。

表 5 - 5　　　　　武汉城市圈经济联系网络凝聚子群

年份		城市		
2003 年	1	武汉市	3	咸宁市　孝感市
	2	黄石市　鄂州市　黄冈市	4	仙桃市　潜江市　天门市
2008 年	1	武汉市	3	孝感市　咸宁市　仙桃市
	2	黄冈市　黄石市　鄂州市	4	潜江市　天门市
2013 年	1	武汉市	3	咸宁市　孝感市
	2	黄石市　鄂州市　黄冈市	4	仙桃市　潜江市　天门市

5.3　武汉城市圈产业分工变化研究

5.3.1　产业专业化程度及变化分析

以全国为参照系，计算武汉城市圈整体的产业专业化指数，从

图 5－4 可以得出：2003～2013 年武汉城市圈整体产业专业化程度并不高，产业专业化值总体在 0.15～0.2 之间进行变动。其中，2003～2008 年，武汉城市圈整体专业化值呈现增长的趋势，2008 年比 2003 年增加了 0.048，但 2008～2013 年，武汉城市圈整体专业化值呈现下降的趋势，2013 年比 2008 年降低了 0.014，因此，武汉城市圈产业专业化程度与全国相比并不高，并且呈现下降的趋势。

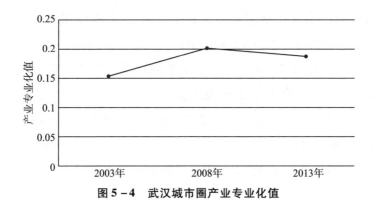

图 5－4　武汉城市圈产业专业化值

将武汉城市圈各城市间产业专业化值进行比较，各城市间产业专业化值有两极分化的趋势，以武汉市、黄石市、鄂州市、孝感市和咸宁市为一类，产业专业化值在 0.1～0.2 之间，而黄冈市、天门市、潜江市和仙桃市为另一类，产业专业化值在 0.2～0.6 之间。从时间变化的角度来看，2003～2008 年、2008～2013 年城市产业专业化值均呈现增长的城市仅有黄冈市和天门市；潜江市产业专业化值并没有出现呈现下降（2008 年和 2013 年产业化值相同）；城市产业专业化值呈现先上升后下降的城市有武汉市、黄石市、鄂州市、孝感市和仙桃市；城市产业专业化值呈现先下降后上升的城市仅有咸宁市。整体而言，2003～2013 年武汉城市圈大部分城市产业专业化值程度都呈现出上升的趋势，其中，武汉市产业专业化值 2013 年比

2003 年仅增加了 15.4%，孝感市产业专业化值 2013 年比 2003 年仅增加了 25%，黄冈市产业专业化值 2013 年比 2003 年增加了 17.4%，咸宁市产业专业化值 2013 年比 2003 年增加了 35.7%，天门市产业专业化值 2013 年比 2003 年仅增加了 9.7%，潜江市产业专业化值 2013 年比 2003 年仅增加了 5.2%，仙桃市产业专业化值 2013 年比 2003 年仅增加了 2.4%，而黄石市 2013 年产业专业化值与 2003 年相比降低了 6.25%，鄂州市 2013 年产业专业化值与 2003 年相比降低了 5.6%。从排名变化情况来看，武汉市由 2003 年的第八名变化至 2013 年与黄石市、孝感市并列的第七名，黄石市由 2003 年的第六名变化至 2013 年与武汉市、孝感市并列的第七名，鄂州市由 2003 年的第五名变化至 2013 年的第六名，孝感市由 2003 年的第九名变化至 2013 年与武汉市、黄石市并列的第七名，咸宁市由 2003 年的第六名变化至 2013 年的第五名，而黄冈市、天门市、潜江市和仙桃市的排名情况保持不变，较为稳定，相关结果如表 5-6 所示。

表 5-6　　　　　　武汉城市圈各城市产业专业化值及变化

城市	2003 年	2008 年	2013 年	2003~2008 年	2008~2013 年	2003~2013 年
武汉市	0.13	0.20	0.15	0.07	-0.05	0.02
黄石市	0.16	0.18	0.15	0.02	-0.03	-0.01
鄂州市	0.18	0.20	0.17	0.02	-0.03	-0.01
孝感市	0.12	0.17	0.15	0.05	-0.02	0.03
黄冈市	0.23	0.24	0.27	0.01	0.03	0.04
咸宁市	0.14	0.13	0.19	-0.01	0.06	0.05
天门市	0.31	0.33	0.34	0.02	0.01	0.03
潜江市	0.58	0.61	0.61	0.03	0	0.03
仙桃市	0.41	0.45	0.42	0.04	-0.03	0.01

注：数值仅保留两位小数。

5.3.2 产业结构相似性与优势产业分析

首先通过计算2003年、2008年和2013年武汉市产业结构关联系数矩阵，结果如表5-7、表5-8和表5-9所示，再得到灰色关联度结果，结果如表5-10、表5-11和表5-12所示。通过武汉城市圈各城市产业结构灰色关联度结果可以看出，2013年各城市产业结构灰色关联度在0.65~0.87之间，而2003年、2008年和2013年结果也都表明各城市与武汉城市圈整体产业结构相似程度有一定的差别，具有一定的地域特点。相关结果如表5-10、表5-11和表5-12所示。与武汉城市圈整体产业结构相似程度由大到小进行排列的顺序为：潜江市、鄂州市、黄冈市、武汉市、咸宁市、黄石市、天门市、孝感市、仙桃市。结合表中数据，可以得出：2013年武汉市制造业的区位熵（0.90），建筑业的区位熵（1.48），交通运输、仓储和邮政业的区位熵（1.14），信息传输、计算机服务和软件业的区位熵（0.64），批发和零售业的区位熵（1.48），住宿和餐饮业的区位熵（1.44），金融业的区位熵（1.13），房地产业的区位熵（0.88），科学研究、技术服务和地质勘查业的区位熵（1.60），教育的区位熵（1.02）和文化、体育和娱乐业的区位熵（1.44）相对于城市圈具有较大优势，可以归纳为综合发展型结构。黄石市采矿业的区位熵（1.98），制造业（1.25），科学研究、技术服务和地质勘查业（0.70），卫生、社会保障和社会福利业（1.25）相比城市圈具有一定的优势。鄂州市制造业的区位熵（1.41）、批发和零售业的区位熵（1.15）、房地产业的区位熵（1.03）、租赁和商务服务业的区位熵（0.91）具有一定的优势。孝感市制造业的区位熵（1.21）、建筑业的区位熵（1.35）、批发和零售业的区位熵（1.26）、住宿和餐饮业的区位熵（1.75）、房地产业的区位熵（1.03）、租赁和商务服务业的区位熵（0.91）具有一定的优势。黄冈市农、林、牧、渔业的区位熵（3.50），电力、燃气及水的生产和供应业的区位熵（1.29），建筑业的区位熵（1.73），卫生、社会保障和社会福利业的区位熵（1.72），公共管理和社会组织的区位熵（1.44）具有一定的优势。咸宁市电力、燃气及水的生产和供应业的区位熵（0.97），卫生、社会保障和社会福利业的区位熵（2.44），公共管理和社会组织的区位熵（1.89）具有一定的优势。天门市租赁和商务服务业的区位熵（1.76）具有一定的优势。潜江市采矿业的区位熵（6.89）具有绝对优势。仙桃市水利、环境和公共设施管理业的区位熵（1.89）具有一定的优势。

表 5 - 7　　武汉城市圈 2003 年各城市产业结构关联系数矩阵

行业	武汉	黄石	鄂州	孝感	黄冈	咸宁	天门	潜江	仙桃
农、林、牧、渔业	0.42	0.71	0.35	0.71	0.67	0.63	0.86	0.93	0.99
采矿业	0.42	0.46	0.61	0.80	0.53	0.72	0.59	0.34	0.57
制造业	0.73	0.90	0.61	0.99	0.65	1.00	0.59	0.85	0.87
电力、燃气、水的生产和供应业	0.97	0.97	0.78	0.85	0.79	0.76	0.69	0.87	0.65
建筑业	0.33	0.56	0.37	0.61	0.35	0.35	0.36	0.70	0.34
交通、仓储及邮政服务业	0.77	0.70	0.89	0.48	0.66	0.94	0.48	0.81	1.00
信息、计算机和软件服务业	0.58	0.94	0.71	0.85	0.97	0.96	0.94	0.94	0.97
批发和零售业	0.67	0.79	0.80	0.60	0.94	0.59	0.61	0.81	0.97
住宿、餐饮业	0.34	0.97	0.81	0.46	0.55	0.62	0.50	0.78	0.74
金融业	0.83	0.88	0.87	0.96	0.77	0.92	0.76	0.94	0.87
房地产业	0.71	0.76	0.90	0.63	0.84	0.60	0.59	0.85	0.66
租赁和商业服务业	0.44	0.92	0.45	0.44	1.00	0.81	0.46	1.00	0.50

续表

行业	武汉	黄石	鄂州	孝感	黄冈	咸宁	天门	潜江	仙桃
科技和地质勘查业	0.39	0.81	0.80	0.65	0.78	0.73	0.68	0.87	0.59
水利、环境	0.57	0.91	0.86	1.00	0.55	0.87	0.76	0.82	0.48
居民服务	0.56	0.35	0.45	0.82	0.63	0.64	0.73	0.90	0.86
教育	1.00	1.00	0.77	0.85	0.48	0.69	0.98	0.99	0.51
卫生、社会保障	0.98	0.89	1.00	0.72	0.51	0.64	0.86	1.00	0.80
文化	0.46	0.94	0.59	0.35	0.99	0.76	1.00	0.95	0.88
公共管理	0.90	0.97	0.99	0.55	0.43	0.52	0.99	0.96	0.45

注：数值仅保留两位小数。

表 5－8　　武汉城市圈 2008 年各城市产业结构关联系数矩阵

行业	武汉	黄石	鄂州	孝感	黄冈	咸宁	天门	潜江	仙桃
农、林、牧、渔业	0.39	0.93	0.48	0.84	0.35	0.76	0.95	0.96	0.48
采矿业	0.36	0.34	0.51	0.58	0.44	0.76	0.55	0.34	0.56
制造业	0.92	0.82	0.81	0.73	0.53	0.79	0.45	0.82	0.53
电力、燃气、水的生产和供应业	0.85	0.95	1.00	0.95	0.44	0.65	0.69	0.90	0.67
建筑业	0.45	0.63	0.72	0.52	0.78	0.37	0.34	0.75	0.34
交通、仓储及邮政服务业	0.37	0.67	0.98	0.36	0.37	0.79	0.43	0.81	0.85
信息、计算机和软件服务业	0.77	0.87	0.86	0.85	1.00	0.90	0.80	0.95	0.98
批发和零售业	0.64	1.00	0.92	0.82	0.76	0.55	0.52	0.81	0.93
住宿、餐饮业	0.48	0.73	0.75	0.75	0.50	0.82	0.48	0.81	0.50
金融业	0.88	0.85	0.99	0.62	0.57	1.00	0.77	0.96	0.83
房地产业	1.00	0.70	0.77	0.66	0.54	0.73	0.57	0.89	0.75
租赁和商业服务业	0.80	0.86	0.92	0.43	0.49	0.84	0.38	0.94	0.49
科技和地质勘查业	0.41	0.73	0.67	0.41	0.43	0.54	0.56	0.84	0.53
水利、环境	0.98	0.79	0.85	0.67	0.71	0.94	0.94	0.88	0.48
居民服务	0.63	0.74	0.38	0.48	0.41	0.58	0.61	0.89	1.00

行业	武汉	黄石	鄂州	孝感	黄冈	咸宁	天门	潜江	仙桃
教育	0.81	0.89	0.94	0.98	0.41	0.77	0.91	0.94	0.53
卫生、社会保障	0.77	0.80	0.86	0.70	0.45	0.74	0.98	0.98	0.66
文化	0.64	0.79	0.83	0.76	0.96	0.73	0.80	0.91	0.77
公共管理	0.66	0.97	0.91	1.00	0.40	0.58	1.00	1.00	0.46

注：数值仅保留两位小数。

表 5 – 9   武汉城市圈 2013 年各城市产业结构关联系数矩阵

行业	武汉	黄石	鄂州	孝感	黄冈	咸宁	天门	潜江	仙桃
农、林、牧、渔业	0.34	0.42	0.37	0.38	0.35	0.43	0.66	0.99	0.44
采矿业	0.48	0.35	0.84	0.54	0.71	0.60	0.56	0.34	0.55
制造业	1.00	0.68	0.61	0.56	0.77	0.98	0.48	0.81	0.50
电力、燃气、水的生产和供应业	0.83	1.00	0.99	0.97	0.65	0.72	0.71	0.89	0.65
建筑业	0.68	0.55	0.58	0.49	1.00	0.49	0.37	0.75	0.34
交通、仓储及邮政服务业	0.96	0.63	0.58	0.40	0.68	0.72	0.48	0.81	0.91
信息、计算机和软件服务业	0.88	0.77	0.89	0.66	0.95	0.90	0.87	0.98	1.00
批发和零售业	0.57	0.67	0.90	0.62	0.99	0.73	0.61	0.83	0.97
住宿、餐饮业	0.56	0.61	0.88	0.34	0.67	0.77	0.51	0.81	0.49
金融业	0.56	0.77	0.87	0.62	0.74	0.91	0.87	0.99	0.75
房地产业	0.95	0.66	0.63	0.68	0.90	0.87	0.60	0.90	0.79
租赁和商业服务业	0.95	0.73	0.94	0.57	0.74	0.84	0.40	0.97	0.42
科技和地质勘查业	0.47	0.79	0.57	0.42	0.71	0.74	0.57	0.85	0.52
水利、环境	0.88	0.71	0.83	0.63	0.91	1.00	0.82	0.83	0.42
居民服务	0.58	0.55	0.51	0.79	0.67	0.58	0.60	0.87	0.55
教育	0.74	0.83	1.00	0.96	0.60	0.47	1.00	0.97	0.61
卫生、社会保障	0.78	0.67	0.97	1.00	0.59	0.34	0.74	1.00	1.00
文化	0.48	0.96	0.85	0.96	0.95	0.85	0.99	0.98	0.88
公共管理	0.86	0.72	0.95	0.89	0.63	0.41	0.85	0.98	0.56

注：数值仅保留两位小数。

表 5－10　　　　　2003 年武汉城市圈各城市各产业区位熵

行业	武汉	黄石	鄂州	孝感	黄冈	咸宁	天门	潜江	仙桃
农、林、牧、渔业	0.76	0.90	0.26	1.25	1.14	1.03	1.78	1.87	1.57
采矿业	0.00	2.50	1.25	0.57	0.07	0.41	0.00	8.32	0.00
制造业	1.26	1.26	1.52	1.00	0.60	1.08	0.27	0.32	1.21
电力、燃气、水的生产和供应业	0.71	0.84	0.51	0.58	0.97	1.03	0.21	0.13	0.17
建筑业	0.96	0.89	0.87	1.60	0.58	0.43	0.18	0.42	0.08
交通、仓储及邮政服务业	1.14	0.62	1.18	0.55	0.87	1.21	0.15	0.34	1.31
信息、计算机和软件服务业	1.05	0.48	0.33	0.49	0.59	0.71	0.52	0.35	0.68
批发和零售业	0.91	0.75	0.98	0.70	1.26	0.55	0.48	0.24	1.23
住宿、餐饮业	2.21	1.24	1.32	0.30	0.45	0.57	0.04	0.02	0.76
金融业	0.87	0.51	0.62	0.69	1.02	0.86	0.37	0.48	0.91
房地产业	1.21	0.49	0.87	0.56	0.81	0.38	0.21	0.29	0.45
租赁和商业服务业	1.35	0.80	1.49	1.51	0.65	0.85	1.87	0.56	1.62
科技和地质勘查业	1.83	0.56	0.75	0.55	0.70	0.60	0.41	0.32	0.24
水利、环境	1.25	0.62	0.97	0.79	1.48	0.99	1.21	1.68	1.92
居民服务	0.27	3.40	1.57	0.53	0.23	0.20	0.27	0.25	0.89
教育	0.84	0.77	0.60	0.99	1.70	1.26	0.92	0.75	1.81
卫生、社会保障	0.92	0.67	0.87	1.20	1.69	1.43	1.14	0.95	0.65
文化	1.48	0.96	0.31	2.08	0.85	0.52	0.75	0.56	0.67
公共管理	0.69	0.86	0.70	1.32	1.80	1.56	0.82	0.93	1.97

表 5－11　　　　　2008 年武汉城市圈各城市各产业区位熵

行业	武汉	黄石	鄂州	孝感	黄冈	咸宁	天门	潜江	仙桃
农、林、牧、渔业	0.81	1.32	0.10	1.32	2.23	1.15	1.48	1.64	0.41
采矿业	0.01	2.94	1.90	0.40	0.16	0.42	0.00	8.21	0.00
制造业	0.90	1.22	1.34	1.13	0.57	1.20	2.00	0.04	0.14
电力、燃气、水的生产和供应业	0.58	0.75	0.55	0.62	1.22	1.09	0.28	0.18	0.21

行业	武汉	黄石	鄂州	孝感	黄冈	咸宁	天门	潜江	仙桃
建筑业	2.37	1.23	1.35	2.30	1.77	0.68	0.26	0.57	0.12
交通、仓储及邮政服务业	1.85	0.63	1.05	0.45	0.45	0.95	0.07	0.21	1.02
信息、计算机和软件服务业	0.73	0.41	0.29	0.50	0.58	0.46	0.38	0.32	0.62
批发和零售业	1.32	1.07	1.31	0.98	0.94	0.47	0.31	0.11	1.17
住宿、餐饮业	1.46	0.60	0.55	0.88	0.60	0.82	0.12	0.06	0.12
金融业	0.77	0.48	0.56	0.42	1.03	0.76	0.43	0.45	0.89
房地产业	0.93	0.41	1.35	1.13	1.27	0.60	0.26	0.35	0.59
租赁和商业服务业	0.53	0.44	0.43	1.19	0.19	0.84	2.02	0.35	1.59
科技和地质勘查业	1.54	0.54	0.34	0.39	0.43	0.51	0.31	0.22	0.19
水利、环境	0.83	0.54	1.18	0.64	1.05	0.97	0.93	1.46	1.86
居民服务	0.98	0.33	2.69	0.28	0.11	0.19	0.20	0.19	0.75
教育	0.76	0.72	0.68	0.84	1.50	1.14	0.78	0.55	1.67
卫生、社会保障	0.81	0.65	0.64	0.75	1.47	1.25	0.91	0.81	0.48
文化	1.08	0.52	0.50	0.69	0.82	0.54	0.62	0.41	0.56
公共管理	0.56	0.72	0.55	0.80	1.43	1.33	0.79	0.71	1.86

表 5 – 12 2013 年武汉城市圈各城市各产业区位熵

行业	武汉	黄石	鄂州	孝感	黄冈	咸宁	天门	潜江	仙桃
农、林、牧、渔业	0.14	0.33	0.04	0.66	3.50	0.22	0.87	1.21	0.32
采矿业	0.01	1.98	0.86	0.31	0.16	0.10	0.00	6.89	0.00
制造业	0.90	1.25	1.41	1.21	0.50	0.85	1.76	0.05	0.11
电力、燃气、水的生产和供应业	0.50	0.65	0.70	0.64	1.29	0.97	0.26	0.15	0.19
建筑业	1.48	1.18	1.20	1.35	1.73	0.91	0.43	0.62	0.23
交通、仓储及邮政服务业	1.14	0.67	0.53	0.51	0.52	0.77	0.23	0.27	1.20
信息、计算机和软件服务业	0.64	0.31	0.39	0.34	0.65	0.66	0.37	0.39	0.56
批发和零售业	1.48	0.64	1.15	1.26	0.95	0.69	0.48	0.26	1.05

行业	武汉	黄石	鄂州	孝感	黄冈	咸宁	天门	潜江	仙桃
住宿、餐饮业	1.44	0.49	0.80	1.75	0.36	0.69	0.17	0.11	0.14
金融业	1.13	0.41	0.48	0.40	1.09	0.75	0.47	0.53	0.92
房地产业	0.88	0.45	1.31	1.03	0.66	0.70	0.27	0.39	0.62
租赁和商业服务业	0.56	0.31	0.49	0.91	0.15	0.42	1.76	0.42	1.67
科技和地质勘查业	1.60	0.70	0.33	0.36	0.41	0.61	0.30	0.25	0.65
水利、环境	0.89	0.49	0.59	0.56	0.96	0.82	1.03	1.56	1.89
居民服务	0.25	0.10	1.43	0.58	0.07	0.07	0.13	0.12	1.34
教育	1.02	0.98	0.75	0.83	1.60	1.76	0.88	0.62	1.32
卫生、社会保障	1.06	1.25	0.79	0.88	1.72	2.44	1.21	0.97	0.87
文化	1.44	0.73	0.60	0.81	0.68	0.62	0.71	0.64	0.67
公共管理	0.62	1.02	0.62	0.77	1.44	1.89	0.92	0.87	1.34

5.3.3 产业结构相似性与专业化变化分析

武汉城市圈各城市与整体区域的相似程度呈现出各异的变化。其中，2003年，各城市产业灰色关联度在0.63~0.86之间，其中武汉市最低为0.63，潜江市最高为0.86；2008年各城市产业灰色关联度在0.55~0.86之间变动，其中黄冈市最低为0.55，潜江市最高为0.86；2013年各城市产业灰色关联度在0.65~0.87之间变动，其中仙桃市最低为0.65，潜江市最高为0.87。从各城市的变化情况来看，各城市产业灰色关联度都发生了一定的变化，其中2003~2008年，除潜江市未发生变化外，武汉市、鄂州市、咸宁市产业灰色关联度呈现增长的趋势，其中鄂州市增长幅度最大，为10%，武汉市增长了6%，咸宁市增长了1.4%，其他的城市产业灰色关联度呈现了下降的趋势，其中，黄冈市下降的幅度最大，达到23.6%，黄石市下降了2.5%，孝感市下降了1.5%，天门市下降了 6%，仙桃市下降了 10.8%；2008～2013 年，除天门市和仙桃市未发生变化外，武汉市、黄冈市、潜江市产业灰色关联度呈现出增长的趋势，其中黄冈市增长幅度最大，为 25.3%，武汉市增长了 5.6%，潜江市增长了 1.1%；而其他的城市产业灰色关联度呈现了下降的趋势，其中，黄石市下降幅度最大，达到 13.9%，鄂州市下降了 2.5%，孝感市下降了 4.3%，咸宁市下降了 4.1%。从 2003～2013 年整体来看，武汉市、鄂州市、黄冈市和潜江市产业灰色关联度呈现了上升的趋势，其中武汉市增长的幅度最大，达到 11.3%，鄂州市增长了 7.7%，黄冈市增长了 8%，潜江市增长了 1.15%；而其他城市产业灰色关联度呈现了减少的趋势，其中，黄石市减少的幅度最大，达到 14.8%，孝感市减少了 5.7%，咸宁市减少了 2.8%，天门市减少了 5.6%，仙桃市减少了 9.7%。具体来看，从图 5-5 可以看出，不同产业与武汉城市圈的产业结构相似程度并不相同。其中，农、林、牧、渔业等第一产业关联系数较低，这表明武汉城市圈内各城市第一产业地域产业较大，各城市对第一产业发展的政策上近年来存在较大的差异；采矿业、制造业、建筑业和地质勘查业等第二产业关联系数较小，表明由于资源空间分布存在明显的差异，加上资金、人力资源等因素的差异，第二产业在武汉城市圈地域分工相对比较明显，如采矿业在潜江市、黄石市具有明显的优势，制造业呈现出关联度下降的趋势，武汉市制造业优势明显，建筑业呈现了关联度逐渐增强的趋势，与各市在近十年加大城市建设的举措有密切关系，地质勘查业具有明显的地域特色，集中在武汉市和黄石市。第三产业中，住宿和餐饮业、居民服务、修理和其他服务业与武汉城市圈的关联系数均低于 0.65，表明这些产业在武汉城市圈中的分工初步体现，但产业优势并不明显。而在电力、燃气及水的生产和供应业、信息传输、计算机服务和软

件业、批发和零售业、金融业、房地产业、水利、环境和公共设施
管理业、教育、卫生、社会保障和社会福利业、文化、体育和娱乐
业、公共管理和社会组织等产业与武汉城市圈的关联系数均高于
0.75，在这些产业上具有较大的同构性，地域分工并不明显，相关
结果如图 5 – 5 和表 5 – 13 所示。

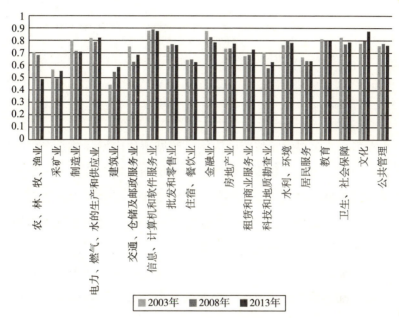

图 5 – 5　2003 年、2008 年和 2013 年武汉城市圈不同产业的灰色关联度

表 5 – 13　　武汉城市圈各城市产业结构的灰色关联度（r）

城市	2003 年	2008 年	2013 年	2003 ~ 2008 年	2008 ~ 2013 年	2003 ~ 2013 年
武汉市	0.63	0.67	0.71	0.04	0.04	0.08
黄石市	0.81	0.79	0.69	− 0.02	− 0.10	− 0.12
鄂州市	0.72	0.80	0.78	0.08	− 0.02	0.06
孝感市	0.70	0.69	0.66	− 0.01	− 0.03	− 0.04
黄冈市	0.69	0.55	0.75	− 0.14	0.20	0.06

城市	2003 年	2008 年	2013 年	2003 ~ 2008 年	2008 ~ 2013 年	2003 ~ 2013 年
咸宁市	0.72	0.73	0.70	0.01	− 0.03	− 0.02
天门市	0.71	0.67	0.67	− 0.04	0.00	− 0.04
潜江市	0.86	0.86	0.87	0.00	0.01	0.01
仙桃市	0.72	0.65	0.65	− 0.07	0.00	− 0.07

5.4 本 章 小 结

本章主要是以武汉城市圈为例，对城市群内城际关系产生的路径进行研究，分别从集聚扩散效应、城市网络和产业分工三个角度来考察城市群内城际关系的路径。采用 ESDA 探索性空间数据分析方法对武汉城市圈经济空间格局演变进行分析，得出武汉城市圈内经济空间格局总体上呈现出较为集聚的状态，局部空间演化中经济热点区较为稳定，但次热点区与次冷点区变化幅度加大，表明武汉城市圈内部经济发展不平衡现象较为突出，而通过空间变差函数的研究得出经济高点区域在武汉市周围，有向其他地区扩大的趋势，低谷区主要聚集在武汉城市圈的东北部区域。表明目前城市圈内集聚效应强于扩散效应的结论。采用社会网络分析方法（SNA）对武汉城市圈关系路径进行了研究，得到武汉城市圈整体网络密度与长三角、珠三角等较成熟的城市群相比仍然存在较大差距，群内城市相对还处于较弱的链接状态；中心度的结果表明武汉城市圈城市中心度相对位置变化较为缓慢，呈现出区域性特征，武汉市的核心地位凸显，作为城市群内的核心城市地位在不断加强，城市空间经济联系趋于不均衡。在对武汉城市圈各城市产业分工进行研究时，采用城市产业专业化指数和区位熵灰色关联分析法，得出 2013 年各城市产业结构灰色关联度在 0.65 ~ 0.87 之间，武汉城市圈各城市与武汉城市圈整体产业结构相似程度有一定的差别，具有一定的地域特点。

第 6 章

武汉城市圈城际关系对
城市发展影响研究

前面分析了武汉城市圈的城际关系测度及路径内容，在此基础上，本章将以武汉城市圈为例，通过实证研究重点探讨武汉城市圈内部城际关系对城市发展质量的影响。本章主要从两个方面展开研究：首先，分析城际竞争关系对城市发展质量的影响，检验竞争关系对城市发展质量是否有显著效应。再次，从城际合作关系分析对城市发展质量的影响，检验合作关系对城市发展质量是否存在显著效应。本章采用第 4 章中 2003～2014 年对武汉城市圈内各城市综合发展质量的测度结果，通过面板数据模型估计方法分别考察城际间竞争、合作关系对城市发展质量的影响。

6.1 面板估计方法及相关检验

城际关系对城市发展的影响验证研究，本书主要采用面板数据估计的方法，具体面板数据是一个三维数据，其中涉及横截面、时间以及指标。在对面板数据进行分析的基础上，能够得到相较于横截面数据更加全面而准确的行为方程，并对其展开进一步的研究。在进行研究的过程中，充分以实际经济分析为主，并且引入了非经典计量经济学方面的相关理论，通过时间序列与横截面数据为基础，已成为计量经济学理论方法的重要发展之一（高子惠，2010）。

（1）面板数据估计的特征及优势。

对于面板数据而言，其可以被视作多个不同个体之间的实践序列数据的合并，同时还可以将其视为多个点横截面数据的合并。因此，通过面板数据能够使其中的数据内容拥有二维性，也就是说面板数据可以作为一个数据平面，这些数据信息都能够在该平面上找到相对应的点。

面板数据估计的优势主要包括：

①相较于传统模式下单纯的增加信息量和统计量有所不同，通过面板数据这种方法不仅针对同一时间段内相同个体进行观察，同时更能够对同一时间段内不同个体进行观察，这也使样本容量和样本信息更加丰富和全面，使得相关检验数据的精度得到提升，进而使检验结果更加可靠。

②面板数据估计使数据的动态分析更加可靠。传统针对单体个体时间序列数据进行分析的方式存在一定的短板，其受到采样区间的制约，并且从结果来看其有可能并不适用于全部样本，在普适性方面显然也存在不足。在面板数据的基础上，能够在短时间内对多个个体具有动态变化特征的样本数据进行跟踪，从而不再受到采样区间的束缚，使相关论证结果的可靠性与普适性得到显著的提升。

③面板数据估计更能够将结构性特征反映出来。相较于总数据量而言，面板数据能够从微观角度更加细致地将一些数据特征呈现出来，在进行经济问题分析的过程中，一些变量并不全部是在同一

个观测个体中，而是在观察样本对象内，如资本、劳动和产业、区域之间的流动情况、技术溢出现象等。在对面板数据进行使用的过程中，其只遵循时间的变化，从而无论对相同个体，还是不同个体都能够将其存在的共同因素表现出来，从而获得相应的结构性变化信息（高子惠，2010）。

（2）面板数据的模型设定及相关检验。

①模型设定。根据面板数据模型与解释变量 X_{it} 的相关性，能够将其分为三种类型，即混合模型、固定效应模型以及随机效应模型。同时，以个体效应处理方式不同进行分类，其又可以分为两种模式，一是固定效应模式（Fixed effect），二是随机效应模式（random effect）。据此，针对面板数据进行分析后，假设其一般表达式如下：

$$Y_{it} = \beta_0 + \beta_1 X_{it} + \cdots + \beta_n X_{it} + \varepsilon_{it}$$

$$\varepsilon_{it} = \mu_i + \lambda_t + u_{it}$$

$$i = 1, 2, \cdots, N, \ t = 1, 2, \cdots, N \qquad (6.1)$$

其中：u_{it} 为经典误差项。$E(\mu_i) = 0$，$E(\lambda_t) = 0$，$E(\mu_i u_{it}) = 0$，$E(\lambda_t u_{it}) = 0$。

相较于时间序列数据是基于时间序列数据，或者是基于横截面数据所形成的方程模型而言，在面板数据中引入了两个新的变量，一是个体效应 μ_i，二是时间效应 λ_t。在引入上述两个变量后，将其代入到模型中来对变量的相关性进行解释，而这时在对面板数据进行分析的过程中，其又存在两种情况，一是固定效应，二是随机效应。若个体效应 μ_i 和解释变量存在相关性，那么相应的即为固定效应；相反，若个体效应 μ_i 和解释变量不存在相关性，那么则为随机效应。与之类似，若时间效应 λ_t 与解释变量存在相关性，其则为固定效应；相反，若时间效应 λ_t 与解释变量不存在相关性，即为随机效应。

通常情况下，如果数据中涉及的个体成员是全部研究单位，那么对于单位之间存在差异的情况，在进行处理时可以通过回归系数的改变进行调整，固定影响模式比较合适；如果个体单位并不是固定样本，而是随机进行抽取的，这时在对个体差异进行推断时，应选取随机影响模式。也就是说，如果个体效应 μ_{it} 与解释变量存在相关性时，其为固定效应；相反，如果个体效应 μ_{it} 与解释变量不存在相关性，相应的则为随机效应（高子惠，2010）。

②模型判断方法—Hausman 检验。豪斯曼（Hausman，1978）等指出，可以将对个体影响的处理以随机方式考虑，从而获得随机影响模式相较于固定影响模式更具优势，导致这种情况产生的原因主要是由于采用固定影响模型，其将个体影响设置为常数，而这种设置显然过于简单，会导致模型的自由度受到影响，尤其是针对"宽而短"的面板数据。但是，这也并不能表明随机影响模型就是非常完美的，其也存在短板，即如果个体影响与模型中的解释变量不存在相关性，那么在模型中省略的变量仍然有实质的作用，造成估计结果产生不准确或不一致的情况。

针对模型个体影响和解释变量之间相关性的研究中，豪斯曼（Hausman，1978）设计出一种更为严格的统一检验方法，即豪斯曼检验。这一检验中的假设条件为：随机影响模型中个体影响和解释变量二者之间并不存在相关性，那么相应所形成的统计量（W）为：

$$W = [b - \beta]' \sum [b - \beta] \qquad (6.2)$$

在上述式子中，固定影响模型中回归系数的估计结果用 b 表示，随机影响模型中回归系数的估计结果用 β 表示，固定影响模型和随机影响模型中，其回归系数估计结果之差的方差用 $\sum [b - \beta]$

表示，那么则有：

$$\sum = \text{var}[b - \beta] \tag{6.3}$$

豪斯曼证明了在其假设的条件下，其统计量 W 服从自由度为 k 的卡方分布，其中解释变量个数用 k 表示（高子惠，2010）。

③面板数据的单位根检验。单位根检验：如果面板数据的平稳性不强，那么相对应的回归结果准确性也将大幅削弱，从而造成数据序列不平稳，进而对结果形成影响，进而导致"伪回归"情况的发生。所以，在尚未进行回归分析时，需要对面板数据平稳性实施检验，而进行检验最常见的方法则为单位根检验，其 AR（1）过程即为：

$$y_{it-1} = \rho_i y_{it-1} + x'_{it}\delta_i + \mu_{it}$$
$$i = 1, 2, \cdots, N; \ t = 1, 2, \cdots, T_i \tag{6.4}$$

在上述式子中，模型中的外生变量向量为 x_{it}，其中不仅涉及个体界面的固定影响，同时还包括固定影响的时间趋势；第 i 个体截面成员的个数用 N 表示，第 i 个截面成员的观测时期数用 T_i 表示，自回归的系数用 ρ_i 表示，随机误差项 μ_{it} 能够满足独立同分布假设。因此，若 $|\rho_i| < 1$ 时为平稳序列；若 $|\rho_i| = 1$ 时为非平稳序列。同时，在参数 ρ_i 所进行的限制不同时，那么针对面板数据的单位根检验而言，具体存在两类情况：

一类是所得到的相同根时所进行的单位根检验，这时假设各个界面序列中的单位根是相同的，也就是在式（6.4）中，其参数 $\rho_i = \rho$，$i \in [1, N]$。针对这种相同根的情况，在进行检验时所采用的方式中，较为常用的有 IPS 检验、LLC 检验等。

还有一类就是在不同根的条件下，进行单位根的检验，也就是对于面板数据当中的不同序列进行检验，而且这些序列均可以具有不同的单位根，也就是说允许参数 ρ_i 实现横跨截面发生变化，所用的检验方式有两个，一个是 Fisher – ADF、另外一个是 Fisher – PP。

当然，我们在进行检验的时候为了简化流程，所以就采取了两种方法来进行检验，一种是相同根单位根检验，另外一种是 Iushi 不同根单位根检验，也就是 Fisher – ADF 检验。

在实际检验的过程中，为了方便处理数据，所以就采用了以下四种检验方法，分别是：madfuller 检验、pesadf 检验、Fisher PP 检验、LLC 检验方法。假如在上述四种方式进行检验的时候，此时均拒绝单位根假设原则，那么我们就可以认为序列总体上是平稳的，反之，我们就认为这种序列是不平稳的（高子惠，2010）。

6.2　计量模型的构建

6.2.1　竞争关系对城市发展质量影响的计量模型

城市发展质量包含了城市经济发展、创新能力、协调性、开放性、绿色发展能力等方面的因素。本书研究的目标是探讨城际关系对城市发展质量的影响，首先建立城际竞争关系对城市发展质量的计量模型。本书以城市发展质量为被解释变量；核心解释变量为城际竞争关系，这里采用研究与开发（R&D）经费占 GDP 比重这一变量用于替代衡量城市竞争关系，通过该变量考察城际竞争关系对城市群内本城市的影响，同时纳入该变量的滞后项，用于考察城际竞争关系对其他城市的影响。在此基础上，本书纳入了城镇化率、全要素生产率、恩格尔系数、社会保险覆盖率作为控制变量，以确保估计系数的准确有效。实证模型的具体形式如下：

$$\ln y = \beta_0 + \beta_1 \ln LD + \beta_2 \ln QS + \beta_3 \ln ER + \beta_4 \ln SH + \beta_5 \ln CZ$$
$$+ \beta_6 \ln RD + \beta_7 \ln LRD \qquad (6.5)$$

式（6.5）中，y 表示城市发展质量，RD 表示研究与开发（R&D）经费占 GDP 比重，LRD 表示其滞后项，LD 代表城镇化率，QS 代表全要素生产率，ER 代表恩格尔系数，SH 为社会保险覆盖率，CZ 表示城镇登记失业率。其中，所有变量均进行了取对数处理。β_i 为各变量的估计系数。运用此公式可以计算出城际竞争关系对城市发展质量的贡献。

6.2.2　合作关系对城市发展质量影响的计量模型

上一小节已从竞争关系构建了实证模型，本小节将从合作关系角度出发，构建模型用于探讨城际关系对城市发展质量的影响。同样，依然采用城市发展质量为被解释变量；核心解释变量为城际合作关系，主要通过城市的客运总量、货运总量两个变量用于替代衡量，以这两个变量考察合作关系是否会对本城市的发展质量具有显著影响，并采用其滞后项考察合作关系对其他城市的影响。同时在模型中纳入城镇化率、全要素生产率、恩格尔系数、社会保险覆盖率、城镇登记失业率作为控制变量。具体估计模型如下：

$$\ln y = \beta_0 + \beta_1 \ln LD + \beta_2 \ln QS + \beta_3 \ln ER + \beta_4 \ln SH + \beta_5 \ln CZ$$
$$+ \beta_6 \ln KYZ + \beta_7 \ln LKYZ + \beta_8 \ln HYZ + \beta_9 \ln LHYZ \qquad (6.6)$$

式（6.6）与式（6.5）不同的是，KYZ 表示城市的客运总量，HYZ 表示城市的货运总量。$LKYZ$、$LHYZ$ 分别表示客运总量与货运总量的滞后项。各变量均作了取对数处理，β_i 为对应变量的估计系数。

6.3 变量说明及描述性统计

6.3.1 变量说明

为验证城市群内部城市之间的竞争合作关系对城市发展的影响，本书选取一组变量代表城市间竞争关系，选取另一组变量代表城市间合作关系，通过面板数据实证分析考察对本城市的城市发展质量影响。并且引入所选变量的滞后项，考察城际关系对城市群内其他城市发展质量的影响。需要说明的是，前文计量模型已经分析指出，在城际竞争关系变量上，采用研究与开发（R&D）经费占GDP比重替代衡量，在城际合作关系方面，选取客运总量、货运总量进行替代衡量。表6-1给出了变量基本说明情况。

表6-1 变量基本情况说明

类别说明		代码	变量名称	变量含义
被解释变量		y	城市发展质量	通过测度所得的城市发展水平
核心解释变量	竞争关系替代变量	RD	研究与开发（R&D）经费占 GDP 比重	城市对研究开发的经费投入比例
	合作关系替代变量	KYZ	客运总量	城市的客运总量（万人）
		HYZ	货运总量	城市的货运总量（万吨）
控制变量		LD	城镇化率	城市的城镇化水平
		QS	全要素生产率	产量与全部要素投入量之比
		ER	恩格尔系数	食品支出总额占个人消费的比例
		SH	社会保险覆盖率	城市的社会保险情况
		CZ	城镇登记失业率	反映城市人员的就业总体情况

（1）城际竞争关系变量。

研究与开发（R&D）经费能够代表城市间竞争行为，主要原因在于：一方面，从研发经费投入的角度来看，研发经费投入越多的城市能够吸引更多的人才，而研发经费投入较少的城市对人才吸引力较弱，而且在高端科技人才数量稳定的情况下，研发经费投入较少的城市难以与研发经费投入较多的城市竞争；另一方面，研发经费关系到城市的科技创新能力和城市竞争力，研发经费投入较多的城市其科技实力相对较强，城市创新性较高，因此城市竞争力就越强，而研发经费投入较少的城市创新性较差，城市竞争力也相对较差。因此，选用 R&D 经费占 GDP 比重这一变量来替代城际间竞争关系。

（2）城际合作关系变量。

客运总量。城市的合作关系很大程度上表现为城市间的客运总量，一方面，城市间的客运总量大，客运基础设施完善，可以为城市间科技人才的交流合作提供便利条件，这对推动城市发展具有重要作用；货运总量。货运总量可以反映城际间的合作关系程度，主要是由于货运时间成本的降低可以促进城市间贸易成本的降低，并有利于资源等生产要素的流动，从而促进各城市的经济增长，对区域内各城市发展具有重要的促进作用。此外，城市的客货运总量大意味着城际间人流量、物流量流动频繁，为城际间基础设施提供建设基础，从而促进城市间共同发展。因此，选用客运总量和货运总量两个变量来替代城际间合作关系。

（3）竞争关系、合作关系的滞后项。

本书通过城际竞争关系与合作关系一方面考察对自身城市发展的影响，同时，为便于分析城际关系对其他城市的作用效果，需纳入上述变量的滞后项。

（4）控制变量。

为了考察估计结果的有效性和稳健性，本书加入了以下控制变量：

①城镇化率、全要素生产率。全要素生产率是指产量与全部要素投入量之比；全要素生产率的来源包括技术进步、组织创新、专业化和生产创新等。本书主要探讨城际关系对城市发展质量的影响，但从计量经济理论角度出发，单独考察二者间的关系可能导致估计结果偏差的问题。为解决这一问题，本书纳入城镇化率、全要素生产率变量。其原因在于，从生产角度来说，全要素生产率主要体现了城市的劳动及生产基本情况，能够有效反映城市生产层面的发展质量水平。从城市建设角度来说，城镇化率对城市建设层面的发展质量能够有效评估。

②恩格尔系数。恩格尔系数（Engel's Coefficient）是食品支出总额占个人消费支出总额的比重。恩格尔系数能够从消费角度对城市的总体发展质量进行有效衡量，因此，本书将其作为控制变量纳入实证模型中。

③社会保险覆盖率、城镇登记失业率。社会保险覆盖率是反映城市社会保障条件的重要指标，能够从社会保障层面对城市的总体发展质量进行有效衡量。城镇登记失业率是指在报告期末城镇登记失业人数占期末城镇从业人员总数与期末实有城镇登记失业人数之和的比重。本书采用的是武汉城市圈内各城市的社会保险覆盖率、城镇登记失业率。

6.3.2　描述性统计

表6-2给出了实证所用变量的基本说明情况。具体来看，武

汉城市圈内各城市发展质量（y）均值为 0.734，标准误为 0.827，最小值为 0.007，最大值为 3.790，其中方差为 0.827，数据说明各城市之间的发展水平存在一定差异。在研究与研发经费占 GDP 比重（RD）上，各城市的均值为 0.521，最小值为 0.003，最大值为 2.116，表明各城市间的研发投入力度差异较大。在客运总量（KYZ）上，各城市的均值为 5 829.876 万人，最小值为 610.99 万人，最大值为 31 989.6 万人。在货运总量（HYZ）上，各城市的均值为 5 963.677 万吨，最小值为 397.9995 万吨，最大值为 48 981.9 万吨。在滞后期变量上，LRD、LKYZ、LHYZ 的均值分别为 0.493、5 563.356 万人、5 645.782 万吨。在控制变量上，全要素生产率（QS）、城镇化率（LD）、恩格尔系数（ER）、社会保险覆盖率（SH）、城镇登记失业率（CZ）变量的均值分别为 1.053、0.427、38.961%、83.606%、3.605%。

表 6-2　　　　　　　　　　变量描述性统计

变量名	平均值	标准差	最小值	最大值
y	0.734081	0.827348	0.006603	3.790195
RD	0.521286	0.487212	0.003447	2.115619
KYZ	5 829.876	6 324.918	610.99	31 989.6
HYZ	5 963.677	9 799.656	397.9995	48 981.9
LRD	0.493266	0.461004	0.003447	1.958907
LKYZ	5 563.356	5 955.918	610.99	29 620
LHYZ	5 645.782	9 278.115	397.9995	44 529
QS	1.053038	0.070789	0.888	1.321542
LD	0.426527	0.14122	0.158592	0.696177
ER	38.96112	4.56302	28.48095	50.54
SH	83.60599	45.05513	22.39289	245.4008
CZ	3.605069	0.537145	2.2874	4.94

6.4 竞争关系对城市发展质量的影响分析

6.4.1 单位根检验

根据前文分析，面板单位根检验常包括 LLC（Levin，Lin&Chu）、IPS、Fisher – ADF、Fisher – PP 等基本检验方式。为简要分析，我们将采用 madfuller 检验、pesadf 检验、Fisher PP 检验、LLC 检验四种方式。需要说明的是，采用 Stata 对数据进行分析处理，其中，madfuller 检验所给出的统计量为 MADF 值，pesadf 检验给出的是 t 值，Fisher PP 检验给出的是卡方统计量，LLC 检验同样汇报的是 t 值。并且，madfuller 检验所给出的结果仅能看出在 5% 水平下能否拒绝原假设（见表 6 – 3）。

表 6 – 3   各变量单位根检验结果

变量	madfuller 检验	pesadf 检验	Fisher PP 检验	LLC 检验
lny	597. 606 **	– 2. 746 *	59. 9132 ***	– 15. 667 ***
lnRD	409. 705 **	– 7. 087 ***	31. 6887 **	– 8. 292 ***
lnLD	1 362. 42 **	– 1. 085	129. 2157 ***	– 8. 660 ***
lnQS	154. 95 **	– 26. 132 *	118. 2046 ***	– 11. 454 ***
lnER	113. 026 **	– 2. 094	40. 3857 ***	– 7. 89 ***
lnSH	190. 035 **	– 2. 791	70. 5134 ***	– 7. 399 ***
lnCZ	395. 196 **	– 1. 332	7. 3403	– 7. 084 ***

注：*** 、** 、* 分别表示在 1% 、5% 、10% 水平下显著。

从表 6 – 3 各变量单位根检验结果可以得出，在 madfuller 检验、

LLC 检验下的所有系列皆平稳，Fisher PP 检验只有城镇登记失业率序列不平稳，pesadf 检验下大多数序列不平稳，虽然不同检验下的平稳性有所差异，但是每个序列都有平稳的情况，综合分析，可以认为各变量都是平稳的，满足面板回归的要求。

6.4.2 面板回归结果

运用 Stata 软件，首先对实证模型进行 Wald 检验，该检验需要在固定效应模型估计结果的基础上进行，表 6-4 报告了城市发展质量为被解释变量的个体固定效应模型（FE）的估计结果。其中，Wald 检验统计量为 3.46，在 1% 的显著性水平下拒绝固定效应模型多余的原假设 H_0，因此，建立个体固定效应模型比混合模型更为合适；在随机效应模型（RE）估计结果的基础上进行 Hausman 检验，结果表明，检验的统计量为 14.30，在 5% 的显著性水平下拒绝随机效应与解释变量无关的原假设同样支持选择固定效应模型，即 FE 的估计结果要比 RE 的估计结果更为合理。

从 FE 固定效应估计的结果来看（见表 6-4），lnRD 的回归系数为负值，且均通过了 10% 水平下显著性检验，即 R&D 经费占 GDP 的比重会阻碍本城市的发展质量。这说明，从经济意义上看，城市群内城际竞争关系将阻碍本城市的发展质量。从变量滞后项 lnLRD 来看，其回归系数同样为负，并通过了 10% 水平下显著性检验，该结果表明城市群内城际竞争关系将阻碍其他城市的发展质量。在其他控制变量中，全要素生产率（QS）、社会保险覆盖率（SH）估计系数均为正，且通过了显著性检验。可以看出，全要素生产率越高，城市社会保险覆盖率越高，城市发展质量越好。恩格尔系数（ER）估计系数为负，说明恩格尔系数越低，城市发展质量越高。此外，城镇化率（LD）、城镇登记失业率（CZ）并没有通过显著性检验。

表 6 – 4   竞争关系对城市发展质量影响的估计结果

变量名	混合 OLS 效应	固定效应 FE	随机效应 RE
常数项	− 0.631	4.111	− 0.372
lnLD	− 1.909 **	0.636	− 1.657 *
lnQS	1.887 ***	3.974 ***	2.178 ***
lnER	− 1.009	− 1.468 **	− 0.895
lnSH	0.725 *	0.568 *	0.641 *
lnCZ	− 1.873	− 1.378	− 1.835
lnRD	− 0.219 **	− 0.168 *	− 0.203 **
lnLRD	− 0.047	− 0.053 *	− 0.075 *
F 统计值	68.643	36.647	—
Wald 检验量		3.46 ***	
Hausman 检验量		14.30 **	

注：*** 、** 、* 分别表示在 1%、5%、10% 水平下显著。

6.5   合作关系对城市发展质量的影响分析

为了更深入分析城际关系对城市发展质量的影响，本节继续通过面板数据估计分析方法，考察武汉城市圈内各城市合作关系对城市发展质量的影响作用。

6.5.1   单位根检验

在进行回归分析之前，同样要对模型的变量进行单位根检验。

表 6 - 5 为合作关系下的平稳性检验结果，虽然四个检验的结果不尽相同，但是每一个序列对应的都至少存在一个拒绝原假设的情况，例如，lnKYZ 变量虽然没有通过 madfuller 检验、pesadf 检验、Fisher PP 检验，但是在 LLC 检验上却通过了 1% 水平下显著性检验。所以，可以认为这些序列都是平稳的，符合面板数据建模要求。

表 6 - 5 各变量单位根检验结果

变量	madfuller 检验	pesadf 检验	Fisher PP 检验	LLC 检验
lny	597. 606 **	− 2. 746 *	59. 9132 ***	− 15. 667 ***
lnKYZ	25. 388	− 2. 272	11. 5767	− 9. 152 ***
lnHYZ	61. 566	− 2. 746 ***	9. 7109	− 7. 872 ***
lnLD	1 362. 42 **	− 1. 085	129. 2157 ***	− 8. 660 ***
lnQS	154. 95 **	− 26. 132 *	118. 2046 ***	− 11. 454 ***
lnER	113. 026 **	− 2. 094	40. 3857 ***	− 7. 89 ***
lnSH	190. 035 **	− 2. 791	70. 5134 ***	− 7. 399 ***
lnCZ	395. 196 **	− 1. 332	7. 3403	− 7. 084 ***

注：***、**、* 分别表示在 1%、5%、10% 水平下显著。

6.5.2 面板回归结果

为进一步分析城际间合作关系是否能够促进城市发展质量，探讨其作用方向及效应。本节同样按照前文分析方法，表 6 - 6 报告了考察城市合作关系的估计结果。其中，Wald 检验的结果为 7. 18，在 1% 的显著性水平下通过显著性检验拒绝原假设，因此，在探讨合作关系对城市发展质量影响上我们建立个体固定效应模型依然比混合模型更为合适。此外，Hausman 检验的统计量为 48. 59，在 1% 的显著性水平下通过显著性检验，表明我们选取固定效应模型比随机效应模型更为有效。

从 FE 固定效应估计的结果来看（见表 6 – 6），lnKYZ、lnHYZ
估计系数为正，且分别通过了 5%、10% 水平下显著性检验。即客
运总量、货运总量的提高均能促进城市发展质量。这表明，城际间
合作关系对本城市发展质量具有显著正向影响。在滞后变量上，ln-
LKYZ、lnLHYZ 的估计系数同样为正，且通过了显著性检验，表明
城市合作行为对城市群内其他城市发展质量具有促进作用。在其他
控制变量中，全要素生产率通过了 1% 水平下显著性检验，并且估
计系数为正，同样说明，全要素生产率越高，城市发展质量越好。
除此之外，其余四个变量均未能通过显著性检验。

表 6 – 6　　　　合作关系对城市发展质量影响的估计结果

变量名	混合 OLS 效应	固定效应 FE	随机效应 RE
常数项	– 3.746	– 10.138 ***	– 3.746
lnLD	– 2.124 **	1.033	– 2.124 **
lnQS	2.087 ***	2.892 ***	2.087 ***
lnER	– 0.540	– 1.100	– 0.540
lnSH	0.472 ***	0.423	0.472 ***
lnCZ	– 1.645	– 1.148	– 1.645
lnKYZ	0.870 **	1.739 **	0.870 ***
lnLKYZ	0.950	0.197 **	0.950
lnHYZ	0.550 *	0.168 *	0.550 *
lnLHYZ	0.146 *	0.200 *	0.146 **
F 统计值	53.167	38.348	—
Wald 检验量		7.18 ***	
Hausman 检验量		48.59 ***	

注：***、**、*分别表示在 1%、5%、10% 水平下显著。

6.6 提升武汉城市圈内城际合作的政策建议

6.6.1 建设城市群利益分享及补偿机制

城市群内部各城市之间的利益关系是城市群内城际关系竞争的出发点，也是各城市间合作的动力，对推动武汉城市圈城际合作起着重要的作用。由于城市群内部各城市在经济发展水平、产业结构水平、资源发展禀赋等方面差异性较大，因此各城市的利益诉求必然会导致合作激励的匮乏。在城市群内各城市间利益分享与补偿机制方面的欠缺是武汉城市圈城际关系协调发展的重要瓶颈。武汉城市圈内随着一体化进程的加快，各城市间都应认识到城市间合作是不可逆的趋势，各城市都是按照自我发展水平、发展需求及利益诉求来对合作进行判断（任泽洙，2007）。

武汉城市圈构建一体化发展过程中，城市群的空间结构属于单核心结构，单核心城市武汉市在武汉城市圈一体化发展过程中具有重要主导作用，武汉市充分利用其产业发展、交通网络、要素流动和人力资源等优势，对城市群整体特别是城市群经济产业结构的调整，将导致城市群内部发展相对落后和城市利益流失。在城市圈内市场一体化进程中，各城市间都应考虑各自在城市群整体下所形成的开放市场中的合作利益，若在开放市场中城市在某些发展利益有所损失的情况下，这也会导致各城市进一步思考城市间合作是否会对自身长期发展产生不利影响。产业结构调整中，各城市通过合作来共享整体收益，进一步打破各城市大而全的产业结构，在城市群内部形成城市之间合理分工、发展优势互补及利益共享的产业格局。从武汉城市圈城市与城市之间现有合作来看，处于合作优势一方会在合作时依靠自身较为强大的优势条件进一步扩大、发展自身优势产业的市场及规模，合作处于劣势的城市可能必须放弃原有的优势产业并重新定位。在此情况下，城市群内就形成了处于劣势的城市利益将会受到损害，利益流向处于优势的城市中，这就需要在合作中，处于优势的地位的城市补偿处于劣势地位的城市，从而使城市群内各城市能够共享因彼此间合作带来的收益，否则，合作关系就会破坏，城市间彼此利益也都会受损。城市群内各城市合作要充分协调好各城市的利益，在合作过程中真正实现共赢的局面，这就需要建立与之相适应的"区域利益分享和补偿机制"，该机制主要是城市群内各城市政府在平等、协作的基础上，通过签订规范的制度来实现城市间的利益转移和利益在城市群各城市间的合理分配。城市群内各城市合作中的利益共享机制主要包括利益补偿手段，利益补偿内容，标准，以及利益补偿实施制度等（石佑启，2011）。目前武汉城市圈合作利益共享补偿机制尚未建立，存在合作制度上的缺失。构建武汉城市圈范围内的利益共享和补偿机制，促进各城市微观企业参与城市圈范围内的合作，在提高武汉城市圈整体的基础上实现各自的利益诉求目标。武汉城市圈城际合作的关键是保障城市群内部各城市能够获得利益共享与共赢，建立完善的城市群内部各城市的利益分配机制是实现城市群城市合作的有效手段，从而促进武汉城市圈各城市在合作过程中，通过制度化、规范化的利益共享及利益补偿机制，确保城市群内部各城市在平等地位下，保障城市群总体发展目标下促进利益在城市群内部各城市间公平有效地进行分配（徐宛笑，2012；李思怡，2009；王丽，2008）。

6.6.2　实施合作激励制度

城际关系需要从制度层面进行整体治理。城市群内各城市合作的关键是要涉及能够实现突破各自城市行政区划障碍，克服以自我利益为中心的本位思想。

建立城市群城际合作的制度。通过在城市群内部制度创新等方式推动城市群内部各城市之间提倡合作的氛围形成，从而为武汉城市圈一体化发展扫清障碍。在过去的官员考核与晋升过程中，着重考察主政官员的地方经济发展水平、GDP 增长率等硬性指标，以经济发展为单一考核标准下，各城市主政官员处于经纪人的有限思考，会做出为了自身利益最大化而忽视城市群整体利益的行为，大多采用地方保护政策，造成城市群范围内的市场分割局面形成，严重阻碍城市群内区域经济一体化的形成与发展。在对城市群内官员进行考核时，应摒弃各城市的经济发展速度指标，要对各自城市出台的相关发展政策进行评估，主要是评估政府行为的有效性，积极引导各城市主政官员要以城市群整体利益为导向，除经济发展指标外，更应关注城市发展的综合质量的提高，包括城市发展的创新性、城市发展的协调性、城市生态文明建设状况、城市发展共享性等因素纳入到各城市综合考核体系中。具体对武汉城市圈内九个城市的主政官员考核时，可以以湖北省委牵头成立联合考察组，将城市圈产业分工合作、城市圈重点合作项目纳入综合考核体系中，在主政官员思想上确立以"城市圈整体发展"为目标，促进武汉城市圈的整体效应的形成，对在武汉城市圈范围内与其他城市合作有突出贡献的主政官员要多鼓励，对不利于城市圈合作行为的主政官员要进行责任追究，建立合作激励制度（徐宛笑，2012；李思怡，2009；王丽，2008）。

6.6.3　鼓励多元主体参与

当前，城市地方政府是城市群内城市合作的主体，在武汉城市圈城际合作关系的发展中发挥着主导作用。但城市群内部的合作困境及一体化发展进程中需要企业、行业协会等微观层面非政府组织的参与。企业和行业协会在城市群发展中可以充分利用市场实现城市群内部的跨城市协作发展，企业及行业协会组织在市场行为决策中往往不需要考虑城市间竞争合作关系，而是关注城市群内部的交通、信息网络是否能够给企业带来新的发展市场，因此微观层面企业和行业组织在促进城市群一体化发展中也起着重要作用（徐宛笑，2012；王丽，2008）。

城市群内部跨国集团、跨国公司发展的总部经济，对实现城市群内部打破行政边界、促进城市群市场统一，实现资源有效配置起着促进作用。武汉城市圈各城市应借助跨国公司和跨城市大型企业在产业分工体系构建，优化各城市产业结构，促进城市群产业结构整合等功能上起作用。加强城市群在金融体系、信息服务的整合，推进城市群科技金融服务合作，加快武汉城市圈金融服务一体化步伐，统一规划武汉城市圈金融资源开发、金融设施配套建设等，实现金融同城（李思怡，2009）。

6.6.4　创新合作战略

武汉城市圈是国家"资源节约型、环境友好型"社会的试验区，结合武汉城市圈目前圈内合作存在的基本问题，应构建创新合作发展战略体系（成金华，2015），主要包括：①构建武汉城市圈产业集群创新战略。主要是通过武汉城市圈内产业集群创新战略来提升武汉城市圈的产业结构竞争力、适应绿色发展和循环经济发展的需要。该战略内容主要包括生态工业园区创新合作战略、低碳产业创新合作战略和产业集群战略。②构建武汉城市圈旅游发展创新合作战略。武汉城市圈旅游资源具有整体质量高，资源组合优势明显等特征，但缺乏联动与协作，主要从城市居民休闲生活质量提升战略，旅游形象竞争力提升战略、武汉城市圈国家公园建设与管理体制等方面提升武汉城市圈旅游竞争优势。③武汉城市圈环境保护创新合作战略。从环境保护、节能减排和生态补偿方面构建武汉城市圈环境保护创新合作战略。④武汉城市圈投资环境创新合作战略。通过提升产业结构竞争力、城市间合作与协调，推进基础设施网络化等区域的整合联动，促进城市群整体投资环境创新合作战略的构建与实行。⑤武汉城市圈信息化发展战略。通过加快信息化建设、整合武汉城市圈内信息资源、实现武汉城市圈内信息资源的共享，是武汉城市圈实现一体化发展的重要突破口。⑥武汉城市圈人才集聚战略。武汉城市圈核心城市武汉市高校数量众多，应充分发挥核心城市武汉市高等教育和科研机构众多的优势，实现人才集聚效应，既要留住自己培养人才，还需要吸引其他地区人才到武汉城市圈服务（成金华，2015）。武汉市在2017年就将招才引智作为武汉市重要工作来抓，通过设置专门机构武汉市招才局，出台一系列的招才项目和人才政策，吸引城市发展过程中所需要的各类人才落户与发展。2017年以来，武汉相继推出的"三大新政""留汉九条"等政策举措，对吸引人才留在武汉发展起到了一定的积极作用。

6.6.5 整合城市群协作治理体系

城市群整体协作治理的前提条件是城市群各城市地方政府按照

对应原则推行内部结构和功能整合（崔晶，2015），再进行城市群协作治理体系的建立。城市群内部各城市需要按照城市职能整合城市群内部机构设置，在城市群内部做好财政支出、信息网络建设（崔晶，2015）。在涵盖的体系中能够保证城市群各城市地方政府在解决资源环境、生态和流域等城市群内部公共问题时形成密切合作、高效有序的协作关系（崔晶，2015）。但就目前来看，我国城市群内部各地方政府在处理资源环境、生态和流域等公共事务时存在职能交叉、机构重叠等问题。因此，非常有必要在大数据时代，在城市群内部做到至少涵盖财政支出和信息网络建设。尤其是在城市群内部跨区域城市边界处理存在的公共问题时，城市群内部跨区域整体性合作组织应与各城市环保部门通力合作，共同提出解决城市边界处的环保问题的方案，从而促进城市之间有效解决相关问题，避免城市之间相互推卸责任、无人治理的局面出现（崔晶，2015）。

　　整合城市群内部各城市行政管理体系需要城市群信息平台的构建与实施。从目前来看，我国城市群内部各城市之间信息平台建设都处于独立状态，根据各城市经济实力，在进行信息化建设过程中投入经费各异，连接的信息平台网络涵盖信息也有较大差异，城市群内部各城市之间的地方政府缺乏有效的信息共享，从而阻碍城市群内部各城市之间的协作，因此造成城市群内部各城市之间信息不对称的情况出现（吴爱明，2011）。通过建立城市群信息共享交流平台，连接城市群内部各城市之间及政府部门网站，实现相关信息互通，促进形成城市群各城市政府信息网络平台，实现信息共享，从而有利于城市群内部各城市之间迅速沟通与交流，以及城市内部各部门之间信息共享（崔晶，2015）。城市群信息协作治理平台建设包含以下两方面内容：首先是建立城市群内部信息系统，通过连接城市群内部各城市政府的相关信息库资源，为城市群地方政府和参与区域治理的私营部门与非政府组织提供数据信息，特别是城市群内部跨城市的水污染、大气污染等具有公共事务的突发情况进行信息共享，做好协调调度及时处理（赵华颖，2012），在此基础上建立城市群内部跨城市信息整合机制，对于城市群内部跨城市需要解决的公共事件、城际交通设施建设进行信息整合，提高信息化程度。其次，建立城市群内部城市信息服务机制，对城市群内各城市经济、贸易、公共事务等方面的政策法规和办事信息等，向城市群内企业和公众提供全面、便捷的信息服务（翟磊，朱光磊，2014）。

6.6.6　构建城市群整体性协作网络

城市群治理的重要途径是构建城市群整体性协作网络。城市群内各地方政府是协作治理网络的主体，城市之间主要是在信任与沟通机制的基础上，在合作中对城市收益与城市成本间进行核算，实现城市间利益协调与利益补偿协议，并就城市间合作的结果进行有效监督与评价（崔晶，2015）。在城市群各城市合作中，城市群内各城市还需要加大与私营部门、非营利组织间的合作，发挥他们在城市群内部涉及的公共卫生、环境保护等公共领域经验优势，促进解决城市群内部跨城市涉及民生等重要公共事务相关问题的解决（崔晶，2015）。在城市群整体性协作网络构建中，需要引入上一级政府对协作网络的管理，对于区域性城市群而言，省级政府及相关部门应引导城市群发展战略的指导，负责监督和完善城市群整体性协作治理网络。城市群内部整体性合作组织的建立在协调城市群地方政府关系，减少各协作成员沟通与运行成本等方面起着非常重要的作用（崔晶，2015）。

　　因此，在城市群整体性治理的视角下，城市群内部各城市实现整体协作治理的关键在于城市间的信任机制、沟通机制的有效建立，城市间利益协调与利益补偿机制的构建，以及城市群所在的上级政府的监督机制的构建等，从而形成的城市群整体性协作治理网络将促进城市群整体有序发展（崔晶，2015）。

6.7　本章小结

本章主要是从武汉城市圈内城市间竞争、合作关系对城市发展质量影响进行了验证。具体采用面板数据的估计方法，得到以下结论：城市群内部城际竞争关系能够有效阻碍城市群内部本城市及其他城市的发展质量水平。在城市竞争关系对城市发展质量影响的回归方程中，回归结果表明，城市竞争关系不仅将阻碍本城市的发展质量，还会对城市圈内其他城市的发展水平产生阻碍作用。而城市群内部城际合作关系能够有效促进城市群内部本城市及其他城市的发展质量水平。在城市合作关系对城市发展质量影响的回归方程中，回归结果表明，城市合作关系不仅能够促进本城市的发展质量，也可以提高城市群内其他城市的发展质量。最后，提出提升武汉城市圈城际合作的政策建议包括建设城市群利益分享及补偿机制、实施合作激励制度、鼓励多元主体参与、创新合作战略、整合城市群协作治理体系和构建城市群整体性协作网络。

第 7 章

结论与展望

7.1 研究结论

本书在参考国内外相关文献及理论的基础上，对城市群内城际关系及其对城市发展影响这一主题进行了研究。按照"关系—路径—影响"对城市群内城际关系及其对城市发展影响这一研究主题构建了理论分析框架，主要包括三个方面的内容，一是对城际关系进行界定与确定城际关系的测度模型，提出本书所研究的城际关系只包含竞争、合作或无关三种形式。二是提出城际关系及其对城市发展影响的路径，路径主要包括空间邻近效应、集聚与扩散效应、要素流动、城市网络、区域分工等五个方面，并对路径的测度方法和原理进行了介绍；三是从理论上分别就城际间竞争关系对城市发展产生的影响和城际间合作关系对城市发展产生的影响进行理论分析，提出城际关系对城市发展产生影响的测度方法主要是采用面板回归估计方法。并以武汉城市圈为例，在"关系—路径—影响"这一分析框架下进行了实证研究，得到的主要结论如下：

第一，在对研究区武汉城市圈进行城际关系测度时，按照党的十八届五中全会提出的"创新、协调、绿色、开放、共享"五大发展理念，分别从城市发展创新性、城市发展协调性、城市绿色发展、城市发展开放性和城市发展共享性五个维度构建城市发展质量评价指标体系，对武汉城市圈城市发展质量进行测度，得出2003～2014年武汉城市圈各城市发展的综合指数值。结合D–S模型，运用SUR方法，以武汉市为标准城市，按照城际关系的判定准则得到在城市综合发展质量下的武汉城市圈城际关系如下：黄石市在城市发展综合质量上，分别与武汉市和咸宁市呈现出竞争关系，而与潜江市、天门市呈现出合作关系；鄂州市在城市发展质量上，分别与武汉市、黄石市、仙桃市存在合作的关系，而与黄冈市和咸宁市是竞争关系；孝感市在城市发展质量上，分别与黄冈市、咸宁市存在合作的关系，而与武汉市、黄石市、鄂州市、仙桃市、潜江市和天门市存在竞争的关系；黄冈市在城市发展质量上，与咸宁市存在合作的关系，而分别与武汉市、黄石市、鄂州市、孝感市和潜江市存在竞争的关系；咸宁市在城市发展质量上，分别与武汉市、黄石市、鄂州市、孝感市和潜江市存在合作的关系，而与黄冈市存在竞争的关系；仙桃市在城市发展质量上，分别与黄冈市、咸宁市存在合作的关系，而与武汉市、黄石市、鄂州市、孝感市和潜江市存在竞争的关系；潜江市在城市发展质量上，分别与武汉市、黄石市、鄂州市、孝感市、仙桃市和天门市存在合作的关系，而与黄冈市、咸宁市存在竞争的关系；天门市在城市发展质量上，分别与黄冈市、咸宁市存在合作的关系，而与武汉市、黄石市、鄂州市、孝感市、仙桃市和潜江市存在竞争的关系。从城市发展综合质量下的城际关系结果可得：在武汉城市圈内，8个城市与核心城市武汉市的关系为仅 3 个城市（鄂州市、咸宁市和潜江市）与武汉市是保持合作的关系，其余的 5 个城市（黄石市、孝感市、黄冈市、仙桃市和天门市）与武汉市是竞争的关系，这说明在研究时期内的 2003～2014 年，武汉市对圈内其他城市的聚集效应强于扩散效应，圈内城市与核心城市的关系总体呈现出竞争大于合作。而城市发展质量五个分维度下呈现的城际关系分别为，城市发展创新性维度下的城际关系表现为武汉城市圈内八个城市与核心城市在创新性维度下的城际关系都呈现出非常显著的竞争关系；城市发展协调性维度下的城际关系为圈内城市与核心城市武汉市的协调发展总体呈现出合作大于竞争的态势；城市绿色发展维度下的城际关系为圈内城市与核心城市武汉市总体呈现出合作与竞争关系并存的状况；城市发展开放性维度下的城际关系为武汉城市圈内八个城市与核心城市武汉市呈现出非常显著的竞争关系，这与城市创新性维度下的城际关系保持了一致的结论；城市发展共享性维度下的城际关系为圈内城市与核心城市武汉市总体上呈现出合作的态势。

第二，分别从集聚扩散效应、城市网络和产业分工三个角度来考察城市群内城际关系的路径。采用 ESDA 探索性空间数据分析方法对武汉城市圈经济空间格局演变进行分析，得出武汉城市圈内经济空间格局总体上呈现出较为集聚的状态，局部空间演化中经济热点区较为稳定，但次热点区与次冷点区变化幅度加大，表明武汉城市圈内部经济发展不平衡现象较为突出，而通过空间变差函数的研究得出经济高点区域在武汉市周围，有向其他地区扩大的趋势，低谷区主要聚集在武汉城市圈的东北部区域。表明目前城市圈内集聚效应强于扩散效应的结论。采用社会网络分析方法（SNA）对武汉城市圈关系路径进行了研究，得到武汉城市圈整体网络密度与长三角、珠三角等较成熟的城市群相比仍然存在较大差距，群内城市相对还处于较弱的链接状态；中心度的结果表明武汉城市圈城市中心度相对位置变化较为缓慢，呈现出区域性特征，武汉市的核心地位凸显，作为城市群内的核心城市地位在不断加强，城市空间经济联系趋于不均衡。在对武汉城市圈各城市产业分工进行研究时，采用城市产业专业化指数和区位熵灰色关联分析法，得出 2013 年各城市产业结构灰色关联度在 0.65 ~ 0.87 之间，武汉城市圈各城市与武汉城市圈整体产业结构相似程度并不是很大，具有一定的地域性特征的结论。

第三，分别从武汉城市圈内城市间竞争、合作关系对城市发展质量影响进行了验证。采用面板数据的估计方法，分别选取代表竞争的变量与合作的变量，将其纳入到对城市发展质量的影响中，得到了城市群内城市间的竞争行为对本城市发展质量具有阻碍作用，同时城市竞争关系对城市群内其他城市的发展质量也会产生阻碍作用。而选取合作的变量将其纳入对城市发展质量影响的回归方程中，得到了城市群内城市间合作行为能够对本城市发展质量起到促进作用，同时城市合作行为对城市群内其他城市发展质量也具有促进作用的结论。

7.2 研究不足与展望

城际关系的研究涉及多个学科领域，采用经济学的视角只是分析和解决该问题其中的一个视角，提出了"关系—路径—影响"的理论分析框架，并在理论分析框架中，归纳与总结影响城际关系产生的路径主要包括空间邻近效应、集聚与扩散效应、要素流动、城市网络、区域分工等五个方面，这对于丰富城市群相关理论研究可能具有一定的推动作用，为相关研究提供了一个思路。

在实证研究过程中，本书主要的研究时期为 2003～2014 年。在构建城市发展质量评价指标体系过程中，有五个维度共 40 个指标，但在城市发展协调度中，基于数据的可获得性，有些指标数据无法获取，可能对结果产生一些影响，如果能够更加全面和准确地获取相关指标，对评价结果可能更具说服性。五大发展理念是关系我国发展全局的一场深刻变革，攸关"十三五"乃至更长时期的发展思路、发展方式和发展着力点，因此城市的发展就更应遵循"创新、协调、绿色、开放、共享"的发展思路，城市的发展也是为了人民生活水平的提高，本书在写作之初是准备设计包括武汉城市圈 9 个城市涵盖普通市民、外地人口迁移人员、企业、政府工作人员等群体在内的调查问卷，以便获取微观数据进行研究，但由于社会群体的广泛性，造成问卷涉及内容较为庞杂，因此这部分工作不得不暂时耽搁，这也是今后需要继续完善的工作。

城际间竞争与合作关系是普遍存在的一个现象，特别是在城市群这一较为特殊的区域内，处理好城际间关系对于提高城市群整体以及各城市的发展水平都有着十分重要的作用。本书只是通过定量的测度方法揭示出城市群内各城市与其他城市间并不都是竞争、也并不都是合作的关系，在每一维度下的城际关系都可能表现出不同的结果，在此方面做了试探性的研究工作，如何整合好城市群内各城市发展，不仅是政府决策者需要关注和思考，也是我们每个城市市民都需要进行思考的。未来对城际关系进行测度研究时，会考虑加入微观数据，拟采用调查问卷的形式获取，再与宏观数据测度结果进行比较分析，以便更好地揭示城市群内的城际关系。另外，本书所选取的实证研究对象武汉城市圈是典型的单核心城市群，因此在今后的研究中，也需要选择双核心或多中心城市群进行验证研究。

参 考 文 献

［1］安虎森，邹璇．相邻城市竞争、合作与双赢机制研究［J］．南开经济研究，2007（5）：32－52.

［2］安征宇．乌鲁木齐市天山区商贸圈的构建与发展研究［D］．中央民族大学，2011.

［3］毕秀晶．长三角城市群空间演化研究［D］．华东师范大学，2014.

［4］毕秀晶，宁越敏．长三角大都市区空间溢出与城市群集聚扩散的空间计量分析［J］．经济地理，2013，33（1）：46－53.

［5］长江三角洲城市群发展规划．国家发改委、住房城乡建设部．关于印发长江三角洲城市群发展规划的通知［EB/OL］．http://www. ndrc. gov. cn/zcfb/zcfbghwb/201606/t20160603_ 806390. html.

［6］长江三角洲城市经济协调会．百度百科［EB/OL］．https://baike. baidu. com/item/长江三角洲城市经济协调会/8434906？fr. 2018－09.

［7］钞小静，任保平．中国经济增长质量的时序变化与地区差异分析［J］．经济研究，2011，4（26）：l.

［8］陈明勇，廖冰武．粤港澳大湾区城市竞争互补关系研究［J］．岭南学刊，2018，（4）：20－26.

［9］陈强．高级计量经济学及Stata应用（第二版）［M］．高等教育出版社，2013.

[10] 陈强，胡雯，鲍悦华. 城市发展质量及其测评：以发展观为主导的演进历程 [J]. 经济社会体制比较，2014 (3)：14 - 23.

[11] 陈秀山. 国外沿海城市群发展模式的启示与借鉴 [J]. 市场周刊，2008 (5)：76 - 78.

[12] 陈钊，徐彤. 走向"为和谐而竞争"：晋升锦标赛下的中央和地方治理模式变迁 [J]. 世界经济，2011 (9)：3 - 18.

[13] 成金华. 武汉城市圈创新合作战略与政策研究 [M]. 中国地质大学出版社，2015.

[14] 程玉鸿，汪良伟. 城市群内城市间竞争合作关系研究及实证测度——以粤港澳大湾区为例 [J]. 港澳研究，2018，(1)：45 - 54，94 - 95.

[15] 崔红军，姜楠. 国外都市圈模式对长三角都市圈发展启示 [J]. 现代商贸工业，2010，22 (17)：115 - 116.

[16] 崔晶. 都市圈地方政府协作治理 [M]. 中国人民大学出版社，2015.

[17] 党的十九大报告辅导读本编写组. 党的十九大报告辅导读本 [M]. 北京：人民出版社，2017：32，216 - 222.

[18] 范红忠，李国平. 资本与人口流动及其外部性与地区经济差异 [J]. 世界经济，2003，26 (10)：50 - 61，80.

[19] 方创琳，马海涛，王振波等. 中国创新型城市建设的综合评估与空间格局分异 [J]. 地理学报，2014，69 (4)：459 - 473.

[20] 方创琳，毛其智，倪鹏飞. 中国城市群科学选择与分级发展的争鸣及探索 [J]. 地理学报，2015，70 (4)：515 - 527.

[21] 方创琳. 中国城市群形成发育的新格局及新趋向 [J]. 地理科学，2011，31 (9)：1025 - 1034.

［22］方创琳. 中国城市群研究取得的重要进展与未来发展方向［J］. 地理学报，2014，69（8）：1130－1144.

［23］方大春，孙明月. 高铁时代下长三角城市群空间结构重构——基于社会网络分析［J］. 经济地理，2015（10）：50－56.

［24］方大春，周正荣. 安徽省城市经济联系结构研究：基于社会网络分析［J］. 华东经济管理，2013（1）：18－22.

［25］冯桃桃. 府际合作机制研究［D］. 西北大学，2011.

［26］高燕. 基于信息化的区域经济非均衡协调发展［D］. 四川大学，2006.

［27］高子惠. 上海市专利技术及其产业化研究［D］. 上海交通大学，2010.

［28］宫嫒，师武军，郑向阳等. 城市群发展的区域协调途径探讨——北美城市群经验及对环渤海城市群的启示［C］. 多元与包容——2012 中国城市规划年会论文集（城市化与区域规划研究），2012.

［29］顾朝林. 城市群研究进展与展望［J］. 地理研究，2011，30（5）：771－784.

［30］管卫华，林振山，顾朝林. 中国区域经济发展差异及其原因的多尺度分析［J］. 经济研究. 2006，7：117－125.

［31］郭庆旺，贾俊雪. 地方政府间策略互动行为、财政支出竞争与地区经济增长［J］. 管理世界，2009（10）：17－27.

［32］郭喜梅，李伟. 基于旅游流角度的云南省旅游经济联系的社会网络结构分析［J］. 旅游研究，2014，6（1）：88－94.

［33］郭源园，胡守庚，金贵. 基于改进城市引力模型的湖南省经济区空间格局演变研究［J］. 经济地理，2012，32（12）：67－72.

[34] 韩会然，焦华富，李俊峰等. 皖江城市带空间经济联系变化特征的网络分析及机理研究 [J]. 经济地理，2011，31（3）：384－389.

[35] 贺灿飞，黄志基等. 中国城市发展透视与评价——基于经济地理视角 [M]. 科学出版社，2014.

[36] 贺灿飞，李燕，尹薇. 跨国零售企业在华区位研究——以沃尔玛和家乐福为例 [J]. 世界地理研究，2011，20（1）：12－26.

[37] 何春晖. 区域经济一体化过程中政府间竞争与合作分析 [D]. 兰州大学，2011.

[38] 何涛，钱智. 我国城市间经济联系的研究进展 [J]. 上海师范大学学报（自然科学版），2010，39（6）：653－657.

[39] 何智美，王敬云. 地方保护主义探源——一个政治晋升博弈模型 [J]. 山西财经大学学报，2007，29（5）：1－6.

[40] 侯赟慧，刘志彪，岳中刚. 长三角区域经济一体化进程的社会网络分析 [J]. 中国软科学，2009（12）：90－101.

[41] 胡鞍钢等. 重塑中国经济地理：从1.0版到4.0版 [J]. 经济地理，2015，（12）：1－10.

[42] 胡彬. 长江三角洲区域的城市网络化发展内涵研究 [J]. 中国工业经济，2003（10）：35－42.

[43] 胡继妹，费新章. 长江三角洲城市关系新整合的趋向研究 [J]. 城市发展研究，2004，11（6）：54－59.

[44] 胡晓辉，杜德斌. 科技创新城市的功能内涵、评价体系及判定标准 [J]. 经济地理，2011，31（10）：1625－1629.

[45] 胡序威，周一星，顾朝林. 中国沿海城镇密集地区空间集聚与扩散研究 [M]. 科学出版社，2000.

［46］扈岩．基于生产性服务业的城市关系测度与网络结构分析［D］．暨南大学，2014．

［47］胡艳，唐磊，蔡弘．城市群内部城市间竞争和合作对城市经济发展的影响——基于空间溢出效应对长三角城市群的实证检验［J］．2018，28（1）：76-83．

［48］胡艳，唐磊，夏依林．基于晋升博弈视角的城市群核心城市竞合行为分析［J］．2018，（3）：96-104．

［49］黄璜．全球化视角下的世界城市网络理论［J］．人文地理，2010（4）：18-24．

［50］黄亮．国际研发城市的特征、网络与形成机制研究［D］．华东师范大学，2014．

［51］黄彧．武汉城市圈水资源承载力综合评价研究［D］．华中师范大学，2012．

［52］江进德，赵雪雁，张方圆．安徽省合肥和芜湖市对外经济联系量与地缘经济关系匹配分析［J］．长江流域资源与环境，2012，21（2）：137-144．

［53］江璐璐．安徽省空间经济联系及省会城市经济辐射力研究［D］．陕西师范大学，2014．

［54］蒋满元．要素跨区域流动对区域经济增长和波动的影响探讨［J］．财经科学，2007（8）：43-50．

［55］金雨泽，黄贤金．基于资源环境价值视角的江苏省绿色GDP核算实证研究［J］．地域研究与开发，2014，33（4）：130-135．

［56］李国平，杨洋．分工演进与城市群形成的机理研究［J］．商业研究，2009（3）：116-119．

［57］李金龙，李朝辉．我国区域旅游中地方政府间的竞合关

系探析 [J]. 经济地理, 2011, 31 (6): 1031 – 1035.

[58] 李金龙, 王敏. 城市群内府际关系协调: 理论阐释, 现实困境及路径选择 [J]. 天津社会科学, 2010, 1 (1): 83 – 87.

[59] 李敬, 陈澍, 万广华等. 中国区域经济增长的空间关联及其解释——基于网络分析方法 [J]. 经济研究, 2014, 49 (11): 4 – 16.

[60] 李俊峰, 焦华富. 江淮城市群空间联系及整合模式 [J]. 地理研究, 2010 (3): 535 – 544.

[61] 李少星, 顾朝林. 全球化与国家城市区域空间重构 [M]. 东南大学出版社, 2011.

[62] 李思怡. 武汉城市圈政府间横向合作存在的问题及对策研究 [D]. 湖南大学, 2009.

[63] 李娣. 欧洲西北部城市群发展经验与启示 [J]. 全球化, 2015 (10): 41 – 52.

[64] 李仙德. 基于上市公司网络的长三角城市网络空间结构研究 [J]. 地理科学进展, 2014, 33 (12): 1587 – 1600.

[65] 李响. 基于社会网络分析的长三角城市群网络结构研究 [J]. 城市发展研究, 2011, 18 (12): 80 – 85.

[66] 李学鑫. 基于专业化与多样性分工的城市群经济研究 [D]. 河南大学博士学位论文, 2007.

[67] 李亚婷, 潘少奇, 苗长虹. 中原经济区县际经济联系网络结构及其演化特征 [J]. 地理研究, 2014 (7): 1239 – 1250.

[68] 廖海燕. 我国发达地区新型城市化评价指标体系研究——以广东省为例 [J]. 湖南社会科学, 2013 (4): 162 – 165.

[69] 林先扬, 陈忠暖, 蔡国田. 国内外城市群研究的回顾与展望 [J]. 热带地理, 2003, 23 (1): 44 – 49.

[70] 刘保奎. 关于城镇化进程中"绿色城市"建设的若干思考 [J]. 中国经贸导刊, 2013, 10: 18.

[71] 刘刚. 美国和日本城市群发展的比较研究 [D]. 吉林大学, 2007.

[72] 刘华军, 何礼伟. 中国省际经济增长的空间关联网络结构——基于非线性 Granger 因果检验方法的再考察 [J]. 财经研究, 2016, 42 (2): 97 – 107.

[73] 刘华军, 刘传明, 孙亚男. 中国能源消费的空间关联网络结构特征及其效应研究 [J]. 中国工业经济, 2015, 5: 8.

[74] 刘华军, 张耀, 孙亚男. 中国区域发展的空间网络结构及其影响因素——基于 2000 ~ 2013 年省际地区发展与民生指数 [J]. 经济评论, 2015 (5): 59 – 69.

[75] 刘军. 社会网络分析导论 [M]. 社会科学文献出版社, 2004.

[76] 刘军. 整体网分析 [M]. 格致出版社, 2014.

[77] 刘强. 地方政府竞争与地区经济增长 [D]. 河南大学, 2009.

[78] 刘文秀. 长春市城乡一体土地利用的机制与模式研究 [D]. 东北师范大学, 2012.

[79] 刘亚平. 地方政府间竞争理论述评 [J]. 武汉交通职业学院学报, 2004 (4): 9 – 13.

[80] 刘彦华, 罗天昊. 国外城市群启示录 [J]. 创造, 2011 (7): 38 – 39.

[81] 刘迎霞. 空间效应与中国城市群发展机制探究 [J]. 河南大学学报: 社会科学版, 2010, 50 (2): 40 – 44.

[82] 刘勇, 刘秀香, 于国. 浅谈打造山东半岛蓝色经济区的

理论支撑与立足点 [J]. 潍坊学院学报，2012，12（1）：6-11.

[83] 刘瑜，龚俐，童庆禧. 空间交互作用中的距离影响及定量分析 [J]. 北京大学学报：自然科学版，2014，50（3）：526-534.

[84] 柳士双. 城市群竞合问题研究 [J]. 经济与管理，2011，25（11）：28-32.

[85] 路军. 我国生态文明建设存在问题及对策思考 [J]. 理论导刊，2010（9）：80-82.

[86] 陆铭，陈钊，万广华. 因患寡，而患不均——中国的收入差距、投资、教育和增长的相互影响 [J]. 经济研究，2005（12）：4-14+101.

[87] 陆铭. 空间的力量：地理、政治与城市发展 [M]. 上海：格致出版社，2017：124-150.

[88] 陆小成，冯刚. 生态文明建设与城市绿色发展研究综述 [J]. 城市观察，2015（3）：185-192.

[89] 陆玉麟，董平. 区域竞合论——区域关系分析的新视角 [J]. 经济地理，2013，33（9）：1-5.

[90] 罗少燕. 长三角区域旅游合作模式与对策研究 [D]. 上海：上海交通大学，2007.

[91] 吕拉昌，梁政骥，黄茹. 中国主要城市间的创新联系研究 [J]. 地理科学，2015，35（1）：30-37.

[92] 马远军，张小林. 城市群竞争与共生的时空机理分析 [J]. 长江流域资源与环境，2008，17（1）：10-15.

[93] 马振萍. 整体网研究综述 [J]. 科技情报开发与经济，2011，21（1）：181-183.

[94] 米彭举. 国内城市群治理研究综述：文献评述与未来展

望〔J〕. 2018，（2）：90-98.

〔95〕苗长虹，王海江. 河南省城市的经济联系方向与强度〔J〕. 地理研究，2006，25（2）：222-232.

〔96〕苗长虹，张建伟. 基于演化理论的我国城市合作机理研究〔J〕. 人文地理，2012，27（1）：54-59.

〔97〕欧阳峣，生延超. 城市群理论研究新进展〔J〕. 经济学动态，2008（8）：104-108.

〔98〕欧阳志云，赵娟娟，桂振华等. 中国城市的绿色发展评价〔J〕. 中国人口资源与环境，2009，19（5）：11-15.

〔99〕彭艳芝，费小燕. 基于演化博弈的战略网络城市竞合分析〔J〕. 系统科学学报，2011，19（3）：62-65，81.

〔100〕钱颖一，许成钢. 中国的经济改革为什么与众不同：M型的层级制和非国有部门的进入与扩张〔J〕. 经济社会体制比较，1993（1）：29-40.

〔101〕覃成林. 基于协调与共享发展的中原城市群建设制度创新〔J〕. 地域研究与开发，2008，27（6）：1-6.

〔102〕覃成林，周姣. 城市群协调发展：内涵、概念模型与实现路径〔J〕. 城市发展研究，2010，17（12）：7-12.

〔103〕饶常林. 中国地方政府合作的博弈分析：困境与消解〔J〕. 北京理工大学学报（社会科学版），2014，16（5）：59-64.

〔104〕任理轩. 坚持开放发展——"五大发展理念"解读之四〔N〕. 人民日报，2015-12-23.

〔105〕任泽洙. 泛珠三角区域经济合作与发展制度创新存在的问题及对策〔J〕. 经济研究导刊，2007（11）：138-140.

〔106〕任志成，巫强，崔欣欣. 财政分权，地方政府竞争与省级出口增长〔J〕. 财贸经济，2015（7）：59-69.

[107] 沈建法. 香港与深圳竞争与合作: 基于机场的研究 [J]. 城市与区域规划研究, 2009 (3): 104 – 112.

[108] 沈金华, 杜涛. 武汉城市圈交通一体化: 现状, 思路, 对策 [J]. 长江论坛, 2007 (6): 18 – 23.

[109] 世界银行. 2009 年世界发展报告: 重塑世界经济地理 [M]. 清华大学出版社, 2009.

[110] 石敏俊, 刘艳艳. 城市绿色发展: 国际比较与问题透视 [J]. 城市发展研究, 2013, 20 (5): 140 – 145.

[111] 石佑启. 论区域合作与软法治理 [J]. 学术研究, 2011 (6): 30 – 37.

[112] 司林杰. 中国城市群内部竞合行为分析与机制设计研究 [D]. 西南财经大学, 2014.

[113] 苏方林, 宋帮英, 侯晓博. 广西碳排放量与影响因素关系的 Var 实证分析 [J]. 西南民族大学学报: (人文社会科学版), 2010, 9: 140 – 144.

[114] 苏雪串. 城市化进程中的要素集聚, 产业集群和城市群发展 [J]. 中央财经大学学报, 2004 (1): 49 – 52.

[115] 孙冬益. 长三角城市群空间集聚与扩散的实证研究 [J]. 经济论坛, 2009 (5): 41 – 44.

[116] 谭穗. 成渝城市群发展中地方政府协同的困境及化解研究 [D]. 西南大学, 2017.

[117] 唐磊. 基于长三角城市群比较的城市竞合行为分析 [D]. 安徽大学, 2018.

[118] 田井涛. 城市系统发展模式的复杂性理论与应用 [D]. 天津大学, 2009.

[119] 涂师师, 贾贞. 一个基于微博的局域社交网络结构和社

会关系分析 [J]. 广西科学，2013 (1)：75 – 78.

[120] 王宝平，徐伟，黄亮. 全球价值链：世界城市网络研究的新视角 [J]. 城市问题，2012，6：9 – 16.

[121] 王红霞. 要素流动、空间集聚与城市互动发展的定量研究——以长三角地区为例 [J]. 上海经济研究，2011 (12)：45 – 55.

[122] 王静，张小雷，杜宏茹. 新疆县域经济空间格局演化特征 [J]. 地理科学进展，2011，30 (4)：470 – 478.

[123] 王丽. 我国地方政府间从竞争到合作的路径选择 [D]. 山东大学，2008.

[124] 王文剑，仉建涛，覃成林. 财政分权、地方政府竞争与FDI 的增长效应 [J]. 管理世界，2007 (3)：13 – 22.

[125] 王小龙，李斌. 经济发展，地区分工与地方贸易保护 [J]. 经济学 (季刊)，2002，(3)：109 – 131.

[126] 王作成. 竞争与合作：中原城市群形成过程中的博弈 [J]. 决策探索，2005 (5)：41 – 42.

[127] 魏后凯，白玫. 当前经济区域学重大理论前沿问题 [J]. 人民网，2005 – 12 – 27.

[128] 魏后凯. 中国地区发展：经济增长，制度变迁与地区差异 [M]. 经济管理出版社，1997.

[129] 吴爱明，崔晶，祁光华. 运用电子政务推进市县政府集中办公 [J]. 中国行政管理，2011 (5)：34 – 37.

[130] 吴灿燃. 全球化与跨国网络中心：理解全球城市 [J]. 国际论坛，2011，13 (3)：54 – 59.

[131] 武汉成立招才局. [EB/OL]. http：//www. sohu. com/a/133174082_157267. 2017 – 04 – 11.

[132] 邬丽萍，柯颖．集聚经济三维框架：全球化背景下城市群形成与发展的战略选择 [J]．经济问题探索，2010（7）：45 - 49.

[133] 夏添，孙久文，林文贵．中国行政区经济与区域经济的发展述评 [J]．经济学家，2018，(8)：94 - 104.

[134] 线实，陈振光．城市竞争力与区域城市竞合：一个理论的分析框架 [J]．经济地理，2014，34（3）：1 - 5.

[135] 肖金成．我国城市群的发展阶段与十大城市群的功能定位 [J]．改革，2009，9：5 - 23.

[136] 新华网．城市群国际镜鉴别 [EB/OL]．http：//news. xinhuanet. com/herald/2015 - 01/14/c_133919120，2015 - 01 - 14.

[137] 徐朝斌．构建长三角一体化进程中的地方政府间合作关系 [D]．上海交通大学，2009.

[138] 徐康宁，赵波，王绮．长三角城市群：形成，竞争与合作 [J]．南京社会科学，2005（5）：1 - 9.

[139] 许玲．大城市周边地区小城镇发展研究 [M]．陕西人民出版社，2006.

[140] 徐宛笑．武汉城市圈府际关系研究 [D]．华中科技大学，2012.

[141] 徐现祥，王贤彬．晋升激励与经济增长：来自中国省级官员的证据 [J]．世界经济，2010（2）：15 - 36.

[142] 闫海龙，李先鑫．天山北坡城市群空间经济联系与地缘经济关系匹配研究 [J]．兰州商学院学报，2015，31（4）：8 - 15.

[143] 杨冬梅，赵黎明，闫凌州．创新型城市：概念模型与发展模式 [J]．科学学与科学技术管理，2006，27（8）：97 - 101.

[144] 杨焕彩．实施以人口空间集聚为导向的城市化战略 [J].

城乡建设，2006（11）：11 –13.

［145］杨龙，郑春勇．地方合作对政府间关系的拓展［J］．探索与争鸣，2011（1）：38 –41.

［146］杨孟禹，梁双陆，蔡之兵．中国城市规模为何两极分化：一个空间竞争的经验解释［J］．财贸经济，2018，（8）：141 –154.

［147］杨盛标．城市群产业圈层形成机制研究［M］．中国商务出版社，2010.

［148］杨小凯．经济学原理［M］．中国社会科学出版社，1998.

［149］杨永春，冷炳荣，谭一沼等．世界城市网络研究理论与方法及其对城市体系研究的启示［J］．地理研究，2011，30（6）：1009 –1020.

［150］杨永恒，胡鞍钢，张宁．基于主成分分析法的人类发展指数替代技术［J］．经济研究，2005，7（4）：17.

［151］杨元泽，赵会玉．地方政府竞争提高了经济效率么？——基于省级面板数据的经验研究［J］．北京理工大学学报（社会科学版），2010，12（5）：64 –71.

［152］姚士谋，陈爽，朱振国等．从信息网络到城市群区内数码城市的建立［J］．人文地理，2008（5）：20 –23.

［153］姚士谋，陈振光，王书国．城市群发育机制及其创新空间［J］．科学，2007，59（2）：23 –27.

［154］姚士谋，朱英明，陈振光．中国城市群（第2版）［M］．中国科学技术大学出版社，2001.

［155］姚晓东，王刚．美国城市群的发展经验及借鉴［J］．天津经济，2013（12）：20 –23.

［156］叶玉瑶．城市群空间演化动力机制初探——以珠江三角

洲城市群为例 [J]. 城市规划, 2006, 30 (1): 62 – 67 + 88.

[157] 叶宗裕. 主成分综合评价方法存在的问题及改进 [J]. 统计与信息论坛, 2004 (2): 29 – 31.

[158] 义旭东. 论要素流动对新型区域经济发展之推动效应 [J]. 现代财经: 天津财经学院学报, 2011 (2): 28 – 31.

[159] 尹德挺, 史毅. 人口分布、增长极与世界级城市群孵化——基于美国东北部城市群和京津冀城市群的比较 [J]. 人口研究, 2016, 40 (6): 87 – 98.

[160] 尹征, 卢明华. 京津冀地区城市间产业分工变化研究 [J]. 经济地理, 2015, 35 (10): 110 – 115.

[161] 余友明. 基于城际融合视角的武汉城市圈新型城市化进程研究 [D]. 武汉大学, 2009.

[162] 曾浩. 1997~2013 年中国省域创新差异演化及影响因素分析——基于空间杜宾模型的实证研究 [J]. 科技管理研究, 2016, 36 (2): 14 – 20.

[163] 曾浩, 杨天池, 高苇. 区域经济空间格局演化的实证分析 [J]. 统计与决策, 2016, (1): 106 – 109.

[164] 曾浩, 余瑞祥, 左桠菲等. 长江经济带市域经济格局演变及其影响因素 [J]. 经济地理, 2015, 35 (5): 25 – 31.

[165] 翟磊. 地方政府协同治理的模式与运行机制 [C]. 中国行政改革论坛. 2014.

[166] 张闯. 从层级到网络: 城市间关系研究的演进 [J]. 财经问题研究, 2009 (3): 22 – 27.

[167] 张闯. 城市网络研究中的数据与测量 [J]. 当代经济科学, 2009 (3): 106 – 112.

[168] 张海航. 城市合作治理污染的博弈分析——以长江三角

洲城市群为例［D］.长春工业大学，2017.

［169］张红.长江经济带经济发展质量测度研究［D］.中国地质大学，2015.

［170］张冀新.城市群现代产业体系形成机理及评价研究［D］.武汉理工大学，2009.

［171］张紧跟.区域公共管理视野下的行政区划改革：以珠江三角洲为例［J］.珠江经济，2007（8）：10－17.

［172］张可云.区域大战与区域经济关系［M］.民主与建设出版社，2001.

［173］张磊，张明龙."长三角"地缘经济关系的测度分析［J］.上海经济研究，2003（11）：49－52.

［174］张辽.要素流动、产业转移与区域经济发展［D］.华中科技大学，2013.

［175］张森.长株潭城市群经济空间集聚效应和扩散效应研究［D］.湖南大学，2010.

［176］张祥建，唐炎华，徐晋.长江三角洲城市群空间结构演化的产业机理［J］.经济理论与经济管理，2003（10）：65－69.

［177］张燕.城市群的形成机理研究［J］.城市与环境研究，2014（1）：92－105.

［178］赵华颖.环京津贫困带治理中的地方政府横向府标合作机制构建研究［D］.上海师范大学，2012.

［179］赵曦，司林杰.城市群内部"积极竞争"与"消极合作"行为分析——基于晋升博弈模型的实证研究［J］.经济评论，2013（5）：79－88.

［180］赵新正，宁越敏，魏也华.上海外资生产空间演变及影响因素［J］.地理学报，2011，66（10）：1390－1402.

［181］赵雪娇. 城市群发展中分工的深化与抑制［D］. 浙江大学，2018.

［182］赵勇. 国外城市群形成机制研究述评［J］. 城市问题，2009（8）：88－92.

［183］赵勇. 区域一体化视角下的城市群形成机理研究［D］. 西北大学，2009.

［184］赵雨蒙. 淮海经济区城市关系测度和网络结构——基于生产性服务业的分析［D］. 江苏师范大学，2018.

［185］赵昱. 区域创新绩效的竞争互补分析——对广西五大经济区专利产出的实证研究［J］. 北方经济：综合版，2009（20）：19－20.

［186］赵峥，张亮亮. 绿色城市：研究进展与经验借鉴［J］. 城市洞察，2013（4）：5－7.

［187］甄峰. 信息时代新空间形态研究［J］. 地理科学进展，2004，23（3）：16－26.

［188］郑元凯. 城市群的兴起与发展——基于制度变迁理论的分析［J］. 经济与管理，2008，22（1）：21－24.

［189］周干峙. 城市及其区域：一个典型的开放的复杂巨系统［J］. 城市发展研究，2002，9（1）：1－4.

［190］周江燕，白永秀. 中国城乡发展一体化水平的时序变化与地区差异分析［J］. 中国工业经济，2014（2）：5－17.

［191］周江燕. 中国省域城乡发展一体化水平评价研究［D］. 西北大学，2014.

［192］周姣. 城市群协调发展的动力与路径研究［D］. 暨南大学，2011.

［193］周黎安. 晋升博弈中政府官员的激励与合作——兼论我

国地方保护主义和重复建设问题长期存在的原因 [J]. 经济研究，2004（6）：33 –40.

[194] 周黎安，李宏彬，陈烨. 相对绩效考核：中国地方官员晋升机制的一项经验研究 [J]. 经济学报，2005，1（1）：83 –96.

[195] 周黎安. 中国地方官员的晋升锦标赛模式研究 [J]. 经济研究，2007，7（36）：36 –50.

[196] 周密，盛玉雪，刘秉镰. 非均质后发大国中区域差距、空间互动与协调发展的关系研究 [J]. 财经研究，2012，38（4）：4 –15，122.

[197] 周牧之. 未来国家竞争的基本单位——大城市圈 [J]. 经济展望，2004（10）：39.

[198] 周世锋，王辰. 世界城市群发展演变特点及其对长三角的启示 [J]. 江苏城市规划，2010，8：15 –18.

[199] 周天勇. 城市及其体系起源和演进的经济学描述 [J]. 财经问题研究，2003（7）：3 –13.

[200] 周业安. 地方政府竞争与经济增长 [J]. 中国人民大学学报，2003（1）：97 –103.

[201] 周业安，冯兴元，赵坚毅. 地方政府竞争与市场秩序的重构 [J]. 中国社会科学，2004（1）：56 –65.

[202] 周业安，宋紫峰. 中国地方政府竞争30年 [J]. 教学与研究，2009，11：28 –36.

[203] 周正荣. 江淮城市群空间经济结构特征及优化研究 [D]. 安徽工业大学，2012.

[204] 朱光磊. 中国政府发展研究报告 [M]. 中国人民大学出版社，2014.

[205] 朱列，聂春丽. 大城市群内部城市间竞争，合作关系实

证研究——以珠江三角洲城市群为例［J］. 广西社会主义学院学报，2015，26（2）：90 - 94.

［206］朱英明，于念文. 沪宁杭城市密集区城市流研究［J］. 城市规划汇刊，2002（1）：31 - 33.

［207］左学金. 泛长三角产业转移与区域合作［J］. 江淮论坛，2010（1）：10 - 13.

［208］Abdel - Rahman H M. Agglomeration Economies, Types, and Sizes of Cities［J］. Journal of Urban Economics, 1990, 27（1）：25 - 45.

［209］Agranoff R, Mcguire M. Collaborative Public Management: New Strategies for Local Governments［M］. Georgetown University Press, 2004.

［210］Alderson A S, Beckfield J. Power and Position in the World City System1［J］. American Journal of Sociology, 2004, 109（4）：811 - 851.

［211］Anas A, Xiong K. Intercity Trade and the Industrial Diversification of Cities［J］. Journal of Urban Economics, 2003, 54（2）：258 - 276.

［212］Berliant M, Reed R R, Wang P. Knowledge Exchange, Matching, and Agglomeration［J］. Journal of Urban Economics, 2006, 60（1）：69 - 95.

［213］Bertinelli L, Black D. Urbanization and Growth［J］. Journal of Urban Economics. 2004, 56（1）：80 - 96.

［214］Bourne L S, Simmons J W, Golden H H. Systems of Cities: Readings On Structure Growth and Policy［J］. Urban Studies, 1978, （2）：12 - 22.

[215] Brenner N, Theodore N. Neoliberalism and the Urban Condition [J]. City, 2005, 9 (1): 101 – 107.

[216] Breusch T S, Pagan A R. The Lagrange Multiplier Test and its Applications to Model Specification in Econometrics [J]. The Review of Economic Studies. 1980, 47 (1): 239 – 253.

[217] Brezis E S, Krugman P R. Technology and the Life Cycle of Cities [J]. Journal of Economic Growth, 1997, 2 (4): 369 – 383.

[218] Cai H, Treisman D. Does Competition for Capital Discipline Governments? Decentralization, Globalization, and Public Policy [J]. The American Economic Review, 2005, 95 (3): 817 – 830.

[219] Camagni R P, Salone C. Network Urban Structures in Northern Italy: Elements for a Theoretical Framework [J]. Urban Studies, 1993, 30 (6): 1053 – 1064.

[220] Cassi L, Morrison A, Ter Wal A L. The Evolution of Trade and Scientific Collaboration Networks in the Global Wine Sector: A Longitudinal Study Using Network Analysis [J]. Economic Geography, 2012, 88 (3): 311 – 334.

[221] Castells M. The Rise of the Network Society: The Information Age: Economy, Society, and Culture [M]. John Wiley & Sons, 2011.

[222] Chirinko R S, Wilson D J. Tax Competition Among Us States: Racing to the Bottom or Riding On a Seesaw? [J]. Journal of Geographical Systems, 2011, 12 (5): 230 – 245.

[223] Duranton G, Puga D. Micro – Foundations of Urban Agglomeration Economies [J]. Handbook of Regional and Urban Economics, 2004, 4: 2063 – 2117.

[224] Esparza A, Krmenec A J. Producer services trade in city systems: evidence from Chicago [J]. Urban Studies, 1994, 31 (1): 29 – 46.

[225] Esparza A X, Krmenec A J. Large city interaction in the US urban system [J]. Urban Studies, 2000, 37 (4): 691 – 709.

[226] Friedmann J. The World City Hypothesis [J]. Development and Change, 1986, 17 (1): 69 – 83.

[227] Fujita M, Krugman P. When is the Economy Monocentric? Von Thünen and Chamberlin Unified [J]. Regional Science and Urban Economics, 1995, 25 (4): 505 – 528.

[228] Fujita M, Mori T. The Role of Ports in the Making of Major Cities: Self – Agglomeration and Hub – Effect [J]. Journal of Development Economics, 1996, 49 (1): 93 – 120.

[229] Furman J L, Porter M E, Stern S. The Determinants of National Innovative Capacity [J]. Research Policy, 2002, 31 (6): 899 – 933.

[230] Henderson J V. The Sizes and Types of Cities [J]. The American Economic Review, 1974, 64 (4): 640 – 656.

[231] Hymer S. The Internationalization of Capital [J]. Journal of Economic Issues, 1972, 6 (1): 91 – 111.

[232] Jakobsen S E, Onsager K. Head office location: Agglomeration, clusters or flow nodes? [J]. Urban Studies, 2005, 42 (9): 1517 – 1535.

[233] Krugman P, Venables A. Integration, Specialization, and the Adjustment [R]. National Bureau of Economic Research, 1993.

[234] Lazear, E., and S. Rosen. 1981. "Rank – Order Tourna-

ments as Optimal Labor Contracts. " Journal of Political Economy, 89 (5): 841 – 864.

[235] Miller H J. Tobler's First Law and Spatial Analysis [J]. Annals of the Association of American Geographers, 2004, 94 (2): 284 – 289.

[236] Nalebuff B J, Brandenburger A M. Coo – Petencia: Un Modo De Pensar Revolucionario Que Combina Competencia Y Cooperación [J]. Grupo Editorial Norma, 2005 (12): 28 – 43.

[237] Nazara S, Hewings G J, Sonis M. An Exploratory Analysis of Hierarchical Spatial Interaction: The Case of Regional Income Shares in Indonesia [J]. Journal of Geographical Systems, 2006, 8 (3): 253 – 268.

[238] Postiglione P, Hewings G J. Hierarchical Spatial Interaction Among the Italian Regions: A Nonlinear Relative Dynamics Approach [J]. Journal of Geographical Systems, 2008, 10 (4): 369 – 382.

[239] Pred A. Recognising European Modernities: A Montage of the Present [M]. Routledge, 2014.

[240] Ravetz J. Integrated Assessment for Sustainability Appraisal in Cities and Regions [J] . Environmental Impact Assessment Review. 2000, 20 (1): 31 – 64.

[241] Schiavo S, Reyes J, Fagiolo G. International Trade and Financial Integration: A Weighted Network Analysis [J]. Quantitative Finance, 2010, 10 (4): 389 – 399.

[242] Shen J F, Scale. State and the City: Urban Transformation in Post—reform China [J] . Habitat International, 2007, 31: 303 – 316.

[243] Simmie J. Innovative Cities [M]. Routledge, 2003.

［244］Smith D A, Timberlake M. Conceptualising and Mapping the Structure of the World System's City System ［J］. Urban Studies, 1995, 32 (2): 287 – 302.

［245］Smith D A, White D R. Structure and Dynamics of the Global Economy: Network Analysis of International Trade 1965 – 1980 ［J］. Social Forces, 1992, 70 (4): 857 – 893.

［246］Tabuchi T, Yoshida A. Separating Urban Agglomeration Economies in Consumption and Production ［J］. Journal of Urban Economics. 2000, 48 (1): 70 – 84.

［247］Taylor K E. Summarizing Multiple Aspects of Model Performance in a Single Diagram ［J］. Journal of Geophysical Research: Atmospheres, 2001, 106 (D7): 7183 – 7192.

［248］Taylor P J. Specification of the World City Network ［J］. Geographical Analysis, 2001, 33 (2): 181 – 194.

［249］Tobler W R. A computer movie simulating urban growth in the Detroit region ［J］. Economic geography, 1970, 46 (2): 234 – 240.

［250］Young, A. The Razor's Edge: Distortions and Incremental Reform in The People's Republic of China ［J］. Quarterly Journal of Economics, 2000, 115 (4): 1091 – 1135.

［251］Zhao YB, Wang SJ. The relationship between urbanization, economic growth and energy consumption in China: an econometric perspective analysis ［J］. Sustainability 2015, 7 (5): 5609 – 5627.

后　记

本书是在我的博士论文《城市群内城际关系及其对城市发展影响研究》一文基础上，进一步修改、完善而成。时至今日，在本书完成之际，首先我要感谢我的博导余瑞祥教授。书稿的完成、修改及提炼等都与导师的指导密切相关，余老师具有渊博的学识，严谨的治学态度，观察问题的独特视角，以及孜孜不倦的敬业精神。当我遇到问题时，他总能一针见血地指出问题的关键所在，并提出解决问题的建议和给出具体的指导意见。书稿的完成从框架确立、内容撰写及最后的完成与修改工作都凝聚了余老师对我的精心指导，在撰写过程中深受导师的教导与启发。平日里，每当余老师看到与我研究相关的内容都会通过微信及时转发给我，让我能够及时了解和学习相关的资讯内容。在此我对余老师表示深深的敬意和谢意！

书稿完成的过程中还十分有幸得到诸位老师、同窗、同门及家人的大力支持，从而使我更好地完成了相关研究工作。各位老师及同学、朋友给予我的指导和帮助，我将铭记于心。感谢邓宏兵教授一直以来给予的帮助和关怀，每当有问题时我都会向您请教，您总是站在很高的高度给我提出一些非常好的建议来解决问题，非常感谢您的指导！感谢成金华教授、吴巧生教授、余敬教授、张锦高教授给出的宝贵建议，为我写作过程提供了良好的思路，感谢杨树旺教授、肖建忠教授和徐德义教授，尤其是肖建忠教授甚至将其所藏

229

相关专业书籍主动借给我用于写作参考。感谢刘江宜老师、李彦军老师、白永亮老师、洪水峰老师、孟霞老师、马海燕老师、李金滟老师等人在撰写过程中给予的热情帮助和指导。特别感谢唐善玉教授在撰写时给予的帮助与鼓励，虽然与您从事的研究学科和方向相差甚远，但每次与您的交流中，都会受益匪浅，谢谢您！另外，还要感谢湖北文理学院的张中旺教授，感谢您对书稿给予的关心与指导！在撰写过程中还要特别感谢广西大学盛玉雪博士，在撰写过程中得到了盛玉雪博士对城际关系测度采用 SUR 方法相关问题的解答与指导！感谢李小帆、汪金伟和王然、李素峰、严筱、丁镭等博士，以及申俊、戴胜、唐鹏程、杨天池、马静、冯邦琴、刘玥、李泽宇、李超等同学的帮助，在这里一并表示感谢！特别要感谢李悦、张红两位优秀博士，一直以来深受二位的影响！还要特别感谢我的爱人邱烨女士，在书稿的撰写、修改过程中，时常关心我的书稿撰写及修改进度，替我分担家中事务，做好后勤保障工作。

特别感谢本人所在单位东华理工大学给予本书的大力支持，本书的出版得到了东华理工大学学术出版基金项目（DHXZ201705）、江西省社会科学"十三五"（2017 年）规划项目"长江经济带城市雾霾污染时空演化及长效减排策略研究"（17YJ35）、江西省高校人文社会科学研究 2017 年度项目"江西省城市雾霾污染时空演化及社会经济影响因素研究"（JJ17201）、东华理工大学地质资源经济与管理研究中心、资源与环境经济研究中心 2017 年联合开放基金项目（17JJ03）、国土资源部资源环境承载力评价重点实验室2017 年开放课题（CCA2017.05）、东华理工大学博士科研启动基金项目（DHBK2016132）资助。在本书撰写及完善的过程中，得到了东华理工大学经济与管理学院的同事郑鹏、罗志红、侯俊华和科技处刘红芳、余英等人的支持与帮助，在此一并表示感谢！

　　本书在撰写过程中参阅了大量的国内外相关文献，也尽可能在文献索引部分予以注明，虽校正几遍，但难免有所遗漏，因此对相关未引注文献表示诚挚歉意，并对相关学者的研究表示由衷的敬意，感谢论文中所引用到的各位学者，正是有了你们的研究成果才为我的研究提供了帮助和启发，谢谢各位！

　　由于作者的学术水平有限，书中难免存在不当、疏漏和谬误之处，敬请读者批评指正，我的邮箱 zenghao@ecit.cn，您的任何意见和建议，我都会仔细学习和认真思考，以求不断完善提高，谢谢！

　　最后，本书的出版得到了经济科学出版社责任编辑李雪女士、边江女士的大力支持及细致修改，在此致以诚挚的谢意！

曾　浩

2018 年 10 月